社会理论

［英］威廉姆·奥斯维特 著

陆建松 译

生活·讀書·新知 三联书店

Simplified Chinese Copyright © 2023 by SDX Joint Publishing Company.
All Rights Reserved.
本作品简体中文版权由生活·读书·新知三联书店所有。
未经许可,不得翻印。

图书在版编目(CIP)数据

社会理论/(英)威廉姆·奥斯维特(William Outhwaite)著;陆建松译. —北京:生活·读书·新知三联书店,2023.2
(通识文库)
ISBN 978 - 7 - 108 - 07515 - 4

Ⅰ.①社… Ⅱ.①威… ②陆… Ⅲ.①社会科学-理论研究 Ⅳ.①C0

中国版本图书馆 CIP 数据核字(2022)第 182149 号

责任编辑	杨柳青 周 鹏
封面设计	黄 越
出版发行	生活·讀書·新知 三联书店
	(北京市东城区美术馆东街 22 号)
邮 编	100010
印 刷	江苏苏中印刷有限公司
版 次	2023 年 2 月第 1 版
	2023 年 2 月第 1 次印刷
开 本	889 毫米×1092 毫米 1/32 印张 4.375
字 数	75 千字
定 价	36.00 元

目　录

导言	001
1. 起源	008
2. 资本主义	020
3. 社会	034
4. 资本主义的起源和社会行为理论	043
5. 社会何以可能	054
6. 潜意识的发现	070
7. 社会理论和政治学	083

8. 未竟的事业 099

进一步研究书目 119

索引 129

导言

如果你对政治或经济问题以及文化、性别或种族关系感兴趣，社会理论将解释它们之间的联系。你可能认为这是"拥有一切"。

以全球化为例，它已经改变了我们的世界，自20世纪90年代以来，一直是学术界和公共讨论的一大话题。早期的论述强调全球化对民族国家的经济和政治影响，但社会学家很快指出文化全球化同样重要，关键在于它和其他方面交互影响。写一本有关生产、贸易或金融全球化的非常不错的书是可能的，但如果你像全球化理论所致力的目标那样，将世界视为整体，那么将它切分为独立的经济、政治和文化领域，并孤立地处理它们，就毫无意义。首先，那正是20世纪中叶两位社会理论家称之为"文化工业"的东西，上百万人服务于这一不断增长的全球性产业。如果文化消费关乎品味,那么它同样也关乎金钱和政治("软实力"或影响力)。美国西部片、本土摇滚乐以及朋克等相关运动的影响是20世纪80年代末东欧剧变的原因之一。

社会理论是思考这些关系的最佳框架。以最近30年被广泛使用的另一个术语"现代性"为例,经济史学家关心市场和雇佣劳动在欧洲的兴起,政治科学家关心国家官僚制和政治代议制的发展,社会学家则讨论"工业社会"的产生,或者用更为马克思主义的语言来说,"发达的"或"晚期的"资本主义的产生。但我们需要一个涵盖所有这些方面的更广泛的现代性概念。在此意义上的现代性是面向未来的,关注新的商品生产方式的发展,以及新的社会和政治组织方式的发展。这是社会理论近几百年来特别是20世纪80年代以来提供的东西。

于是,社会理论家们追问那些重大的问题,并且一代又一代人以不同的形式不断地回到这些问题。相比由一连串"发现"构成的科学史,社会理论的历史更像哲学史。不过,相应于20世纪科学史家托马斯·库恩(Thomas Kuhn)所谓的"科学范式"——无论是技术上的还是观念上的典范性成就,例如拉瓦锡1777年发现氧气,改变了我们对燃烧和呼吸的理解,并大大改变了人类知识和科学的面貌;库恩也用"范式"这个词指解释的框架和共享的假设——有时候他称之为"学科基质"(disciplinary matrix)。第一种范式趋向于形成第二种范式。

正如我在本书中所做的那样,我们可以用"范式"这个术语指社会理论中一些经典的解释性尝试,它们丰富了各种不同的社会思想样式,直到今天依然具有重要意义。我说尝试,是因为它们无一被毫无争议地接受,而且正如我们将看到的那样,大多数在后续十年内被取代了。但那不是重点所在,我们之所以对它们感兴趣,是因为它们提出了解释事物的**方法**。它们设置了理论和政治的议程。例如,我们依然用250年前形成的术语思考不平等。我们现在更加关注性别不平等以及财富和收入的全球(而不仅是国家)差异,但是机会平等的古老观念,以及自然的不平等和社会的不平等之间的关系(以及由于显而易见的原因,越来越多的针对过度巨量财富的政治批判),仍然是思考这些问题的中心。简而言之,本书将解释社会理论何以是思考世界的一个不可或缺的部分。

本书讨论了很多思想家,他们或者自我界定为社会学家,或者被后人界定为社会学家〔"社会学"(sociology)这一词语被奥古斯特·孔德(Auguste Comte)在19世纪30年代进行推广,并于20世纪初开始普遍使用,孔德也创造了"实证主义"(positivism)这一术语来指对自然和社会进行科学研究〕,但社会理论是一个更大的家族,包括诸如黑格尔、马克思、尼采、福柯,可能也包括弗洛伊德,当然也包括弗朗茨·法农(Frantz Fanon)、爱德华·萨义德(Edward Said)和其他塑造后殖民理论的作家。["社会理论"这一术语在 1971 年被安东尼·吉登斯(Anthony Giddens)在英国进行推广,他为 19 世纪末和 20 世纪初出现的关注工业社会的更具体工作预留了"社会学"这一术语。]

"你先读这里":社会理论中的创新与继承

特权者真的开始将他们自己视为不同的物种了。

——西哀士(Abbé Sieyès)

最糟糕莫过于,穷人需要保护,富人需要遏制。

——让-雅克·卢梭(Jean-Jacques Rousseau)

这些引用不是来自 21 世纪的社会批评家。第一条来自 1788 年,法国大革命爆发的前一年,第二条来自更早一些的 1755 年。我们关于不平等的思考,第一章的主题之一,是现在再次被关注的超富问题,亦即 1% 富人问题。我将概述当时和现在的境况,以表明数世纪前激发革命的观念依然具有非常重要的意义。这种连续性在社会理论中贯穿始终。关键的创新是如下观念:人类社会可以被理解为人类的作品,不仅被基本的流程塑造，而且能够被人类的干预重新塑造。这一观念似乎出现于17和18世纪的欧洲和北美。"知道事物的原因"这一观念非常古老（在欧洲，这一短语源自公元前1世纪的古罗马诗人维吉尔）（维吉尔《农事诗》提及卢克莱修时说，知道事物原因的人是幸福的。——译者注），但社会作为一个独特的现实领域，这一观念却是新的。

同一时代的另一个创新是我们现在称为经济体系的观念，它们按照自己的规律运行，但却存在于社会环境之中，并且重新塑造社会环境。亚当·斯密在18世纪结合了我们现在认为完全不同的两个研究领域：经济学和道德哲学。〔如今并没有很多人同时从事两者，阿马蒂亚·森（Amartya Sen）是其中之一。〕在斯密之后的一个世纪，卡尔·马克思转而重点分析资本主义，它是一个遵循自身规律的体系，并且拒绝道德批判。马克思在阶级和生产方式之间建立了重要联系，生产体系中的不同地位决定了不同阶级和阶级冲突。围绕资本主义的争论一直是社会理论的一个核心主题，它们将是第二章的论题。

第三章考察了马克思的同时代人（以及他在伦敦北部的海格特公墓的邻居）赫伯特·斯宾塞（Herbert Spencer）的进化论社会学。爱米尔·涂尔干（Emile Durkheim）在法国进一步发展了进化理论。涂尔干是19世纪与20世纪之交创建"经典"社会理论核心的众多社会学家之一。他的强势的（有些人可能会说过于强势的）社会概念是现代社会理论的中心参考点。

第四章回到资本主义的主题，但这次关注其文化的前提和后果。马克斯·韦伯（Max Weber）在20世纪初追溯了基督新教的一种形式对现代资本主义兴起的决定性影响，并且将之扩展为"理性化"理论，这不仅表现于经济计算，而且表现于法律体系和管理体系，尤其是官僚体制，并且还表现于宗教本身（比如在神学之中）。尽管韦伯和涂尔干是同时代人，却很少关注彼此的著作，但他们构建了经典社会理论的两极：韦伯关注人类行为的动机，而涂尔干则强调社会的决定性影响。

第五章介绍了第三位主要的经典理论家格奥尔格·齐美尔（Georg Simmel），他靠近韦伯这一极。他最重要的著作也讨论货币经济，但他对文化现象和日常生活有着广泛兴趣，相关论述在社会学和文化研究中激发了许多不断持续的工作，包括流行于20世纪下半叶的"后现代"理论。

第六章离开经典社会理论家，转向西格蒙德·弗洛伊德（Sigmund Freud），他的心理学分析根本地改变了我们对人性的理解，进而也改变了我们对文化和社会的理解。潜在的心理影响是否塑造我们的社会的和政治的态度和行为？这一章概述了弗洛伊德的工作，并通过赫伯特·马尔库塞（Herbert Marcuse）之类的人物追踪其时至今日的影响。马尔库塞是激发20世纪60年代末学生和青年运动的思想家之一。

第七章探究了一些主要的社会理论家试图解释现代政治的方式。为什么社会主义政党在美国如此弱小？为什么各种政党的领导人，甚至是有的社会主义政党的领导人，跟大多数成员脱离得如此严重？为什么法西斯主义在一些欧洲国家获得了权力，而在另一些国家则没有？我用这些例子讨论社会和政治的关系。

最后一章处理社会理论中直到最近还被过于忽视的一些主题：性别、国际关系和战争、种族和殖民主义，以及环境危机。

1. 起源

本章重点讨论18世纪两位早期社会理论家卢梭和孟德斯鸠提出的关键问题。

让-雅克·卢梭在1755年为一场竞赛（他没有赢）而写了一篇有关人类社会不平等起源的论文。[1] "起源"这一术语不应过于从字面上理解，尽管确实是指"第一个想到圈围一片土地并说'这属于我'的那个人"。按照卢梭的意思，我们应该反对这一宣称，坚持说："那土地的果实属于我们所有人，而土地本身不属于任何人。"这听上去像共产主义，但卢梭的立场并非如此激进。他关切的是，社会的不平等不应该离开自然的不平等（力量、技艺等）太远。他尤其敌视奢侈与过度。他这篇论文这样结束："孩子指挥老人，愚人指挥智者，少数特权者胡吃海喝，而多数饥民缺少生活仅需的必需品。这显然违背自然法，不论自然法如何定义。"

这里涉及社会理论的几个中心主题。其一是自然与社会的差异，马克思在一个世纪之后指出，人民创造自己的历史，但却是在既定的自然和历史条件下创造的。其二是道德批判和社会批判的区别。卢梭是道德学家，但他也想超越单纯的谴责，提供我们现在所

---

1 即《论人类不平等的起源和基础》一书。——编者

谓能影响政策的解释和诊断。一些社会理论家，特别是马克斯·韦伯和格奥尔格·齐美尔，认为自己的任务仅仅是理解和解释（尽管韦伯也经常发表论战性很强的演说和报刊论文）。其他社会理论家，比如马克思主义者和女权主义者，则提出明确的批判性社会理论。

卢梭批判奢侈与过度，认为社会的不平等不应太大，不应离开自然的不平等太远。这一主题引起了后来的争论，从20世纪60年代的社会学家和自由派政治家拉尔夫·达伦多夫（Ralf Dahrendorf）到今天的理查德·威尔金森（Richard Wilkinson）、凯特·皮克特（Kate Pickett）、丹尼·多林（Danny Dorling）和托马斯·皮凯蒂（Thomas Piketty）。威尔金森和皮克特在他们著名的《公平之怒》（*The Spirit Level*，2009）中表明，当今世界上更平等的社会更健康更幸福。只是如何解释这些差异，依然不太清楚。有一种解释说，在福利体系不完善的非常不平等的社会中，不安全感的程度更高，例如在美国，一场短暂的疾病就可能意味着金融灾难。另一种稍复杂的解释让人想起第三章对涂尔干的讨论，它提示相对平等的社会拥有更多涂尔干称作团结（solidarity）的共同情感，正是这一点，而非其他更加有形的东西，可以解释这些社会为何更加健康。

在法国，皮埃尔·罗桑瓦隆（Pierre Rosanvallon）和皮凯蒂回应并发展了占领运动对"1%"人口的批评，证实了不平等的加大，[1] 以及超级富翁把自己看成不同物种的表现方式，正如西哀士在1788年所说的那样。皮凯蒂写道："我们早就该让不平等问题回到经济分析的中心了。"公司高薪和相关津贴的暴涨不只是奇闻逸事，职业足球运动员的收入也在同样增长。这在企业界和金融界助长的危机和腐败在2008年几乎摧毁了整个世界经济。正如英国社会学家安德鲁·塞耶（Andrew Sayer）犀利地指出的那样："我们负担不起富人。"

话虽如此，我们可能需要透过资本主义结构的这些症状看到其本质，这是针对皮凯蒂著作最主要的批评之一。第二章要通过讨论马克思展开这些问题。对马克思而言，不平等只是根本问题"资本主义雇佣劳动"的一个症状。"更公平"的工资仅仅意味着"雇佣工人为自己铸造的金锁链已经够长够重，容许把它略微放松一点"。正如我们所了解的，卢梭偏好不平等的适度状态，马克思主义则普及了更加激进的观念：人们应取其所需并尽其所能。最近，长期在方法论上受批评的"自然"不平等——比如智力的不平等——这一观念，由于遗传学和增效药物的发展而被质疑。我们面临着这种可能性，富人能像穿得更漂亮一样，变得更聪明。

---

1 例如参见 http://www.bbc.co.uk/news/business-16545898。

如果说不平等有错，那又是什么错呢？迄今为止，我们可以从两个角度看这个问题：对贫富悬殊的攻击，以及更平等的社会似乎更健康、更幸福的想法。介于两者之间的是公平的观念，以及看似重大不公的琐碎差别。英国社会学家朗西曼（W. G. Runciman）在1966年出版的《相对剥夺与社会正义》（*Relative Deprivation and Social Justice*）中探究了这个问题。他发现，人们往往不是跟比自己富得多或穷得多的人比，而是跟比自己稍微好点或差点的相似的人比，例如，夜班比日班工资高。这种差异没有引起关注，但男女不同酬（这曾经是通常的做法）在世界大部分地区现在都是非法的。

这就遇到了一个有趣的问题：努力工作的人和不努力的人应该得到相同的报酬吗？"计件工作"或"绩效工资"似乎表明，差别报酬可能更加公正。不过有趣的是，差别报酬经常受到雇员的反对。差别报酬在20世纪80年代的英国盛行一时，而在20世纪90年代被逐渐舍弃，因为它似乎会引起烦扰，造成分裂，得不偿失。或许，更好的做法是，设立一个标准，让道德压力去防止偷懒。这就像在愉快地用餐之后，仅仅AA制支付账单，而不去计较你是否吃得比我多。在复杂的组织之中，很难估价个人的贡献。

有一种把钱从大量人向少数人分配的机制，这就是彩票，很多人觉得它有趣。社会中产生不平等的其他机制是什么呢？正如我们将在下一章中要了解的，马克思认定，资本主义经济的利润实际上来源于工人生产的比自己获得的工资更多的价值。但是在我们的社会中，更重要的是组织中的权力关系，这使得那些处于顶层的人可以设置他们的酬金，并通过诉诸市价和领导崇拜来证明其正当性，这无论是对足球经理还是对大学校长都一样。有趣的是，20世纪的国家社会主义政权并不特别奉行平等主义。大学教授在苏联跟在西方国家一样，可能拿三倍的平均工资，顶层的将军和院士拿十倍。（当然，还有其他无论如何都比现金更为重要的特权，比如获得稀缺物品和资源。）

反歧视立法在这些问题上提供了另一个有用的视角。英国在1970年为男女同工同酬立法，许多雇主试图绕开这一法案，他们提出的理由是，男人和女人从事的工作不同，尽管差别常常微不足道。欧盟的立法更胜于英国的法案，使用了更加宽泛的"同值工作"原则。不过，欧洲仍然存在着大量程度十分不同的性别薪酬差异。

欧洲也是考察国家内部不平等和国家之间不平等两者相互关系的好地方。在成员国内部，往往关注国内的不平等，而欧盟则更关心减少国家之间的不平等，其部分原因是明显的不平等助长移民潮，这可能引起社会供应的短期困难，或加剧当地人的仇外心理。很少有人将这两方面放在一起进行有趣的演算：这将表明,例如,最富的五分之一罗马尼亚人2012年的购买力,大致等于最穷的五分之一丹麦人那一年的购买力,也等于最穷的五分之一西班牙人那一年购买力的两倍;但是在受危机困扰的希腊,最富的五分之一依然接近于德国和法国次富的五分之一。

很多经济学家曾经相信不平等有利于经济增长,因为它激励人们努力工作和投资。这听上去很有道理,但经常出现的情况是,个人层面讲得通的事放在整个社会或经济体层面,却不再有效。经济理论如今急剧转向相反观点:对于更穷的个人和家庭而言,高度的不平等减少机会和激励,尤其阻碍他们投资教育。发展理论家长期以来一直认为,支持女性教育是经济增长的关键。宗教激进主义者依然反对这一点,但繁荣可能并不是他们优先考虑的事情。

经济合作与发展组织(OECD)2014年末出版的一项重要研究[1]追溯了2008年经济危机之前20多年间不平等加剧的情况(经济危机在有些国家暂时终止了这一趋势)。在20世纪80年代中期,OECD成员国中最富的十分之一人口比最穷的十分之一平均要富七倍。这一比率至2012年增加到十倍。在几乎所有这些国家(它们大部分来自世界上较富的地区,但也包括墨西哥

---

[1] http://www.oecd-in-ilibrary.org/social-issues-migration-health/trends-in-income-inequality-and-its-impact-on-economic-growth _ 5jxrjncwxv6j-en。

和智利),不平等都在加剧。不平等减缓了经济增长,阻碍了较贫穷的家庭(比如底层的40%)投资更高等的教育。英国和以色列的不平等程度比平均水平大得多,跟比利时和丹麦等更平等的欧洲国家相比,它们的高等教育入学率低,尽管更不平等的美国却拥有高得多的比率。(不过美国高等教育的质量非常参差不齐,有一些不靠谱的商业性"大学"。)OECD的这项研究估计,英国、美国乃至相对平等的北欧国家在这一时期内,由于不平等的加剧而减少了五分之一的经济增长。该研究的作者强调,有必要对底层的40%采取补救性政策,而不仅仅是反贫困计划。

这一切的主要教训是,公正和平等的观念是历史地形成的,且变化很大。美国是OECD成员国中继智利、墨西哥和土耳其之后第四不平等的国家,它在税收和福利计划上为减少不平等而做的事比欧洲大陆更少,但美国公民更愿意将贫穷归咎于环境。不过,即便在美国,也有对"顶层1%"的广泛批评,这可能导致更加重大的舆论变化。西欧有更牢固的社会民主传统,抗议行动更加明显——尤其是那些经济紧缩最严重、最具破坏性的南方国家,但也不仅限于这些国家。卢梭及其同时代人主要对过度进行了道德批判,其中依然具有重要的信息。他们经常被略带轻蔑地称为"道德学家",但这个主题在本世纪再次凸显。不过,就像针对皮凯蒂那样,我们可能会问,是否需要更深入地考察不平等在资本主义生产方式中的根源。

卢梭在《社会契约论》(1762)中提出了另一个经典的社会理论问题：为什么"人生而自由，却无处不在枷锁之中"？他的民主主义的回答仍处于政治思考的中心：我们生活中的法律应该得到"我们人民"（we the people）（后来美国人这样表达）的同意。卢梭区分了关注公共利益的"公意"和基于个人利益的"众意"，这对现代政治具有重大的意义，对欧盟而言尤其如此。你可曾见过从布鲁塞尔回来的欧洲政治家说，刚刚做出的决定对自己国家不利，但对整个欧盟有利，而那才是真正重要的吗？在国家框架内，你可能侥幸回避的事情，在国际或超国家的政治中，却不可能。

自治是民主主义的核心观念，但也是民族主义政治的中心。如果"我们人民"意味着苏格兰人或加泰罗尼亚人更胜于英国人或西班牙人，民族独立就会被提上议程，就像2014年苏格兰全民公决那样，这一公决以非常微小的票数差额否决了独立。如果说民主主义和民族主义共享了自治的观念，那么它们也可能出现分歧。法西斯主义者可能以他们眼中的国家利益为由破坏民主，包括卢梭在内的民主主义者则可能激烈地反对地区性或其他局部性的利益集团。

我们往往将民主主义视为自由主义的附属，正如标准说法"自由民主"所表达的那样。这反映了欧洲及其前殖民地的一种主导模式，那里的公民权利长期优先于全体成年人选举权的扩大。但是，民主也可能高度不自由，卢梭对人民可能不得不"被迫自由"这一观念感到高兴。威权主义政权惯用民主假象，即便只有一个政党在竞选，或者反对派政治家已被剥夺进入媒体的权利，通常遭受刑事检控、车祸等。墨西哥的革命制度党（PRI）在71年牢不可破的统治中的所作所为类似于第二种。

卢梭的同时代人孟德斯鸠可以同时被称为现代社会理论和现代政治理论之父，他决定性地直觉到，政治体系依赖于社会环境。政治似乎是更大的社会冰山的可见部分。你不能抽象地选择民主政体、君主政体等等，而不去追问它们如何适应你的社会。他在《论法的精神》（*The Spirit of Laws*，1748）中认为，法律必须联系"国家的一般精神、风俗和礼仪"来理解；立法者必须考虑到"用法律去改变本该用礼仪去改变的事物是非常坏的政策"。卢梭在《社会契约论》中将立法者比作建筑师，他要检查地基能否承受计划中建筑的重量。

我们不再像孟德斯鸠那样认为，气候是决定政治体系适宜性的重要因素。他写道，人们在炎热的气候中像老人一样胆怯，在寒冷的气候中像青年一样勇敢。他认为，这就是亚洲人和非洲人能接受而欧洲人却不能接受专制帝国的原因。更有价值的是，他对照欧亚草原而提出的欧洲地理分裂说，这导致了相对小型国家模式的出现，这种多样性有助于政治自由。这一观念在欧洲政治史中持续地起作用：比如，在宗教改革时期，如果其他国家实行你更喜欢的基督教形式，那么你只需要一次方便的短途旅行。

直到最近，政治领导人们才开始谈论（而不只是尝试）"政权更迭"，而孟德斯鸠的分析依然具有意义。他敏锐地意识到长期结构因素和偶然突发事件之间的相互作用。他采用一种我们现在称为整体的多因的方法，强调政治和法律制度依赖于更广泛的社会进程，但他也意识到人类法律的可变性，以及偶发事件和"过往经验"的影响。这是新近的历史和社会理论在"反事实条件句"名目下的中心主题。例如：

1. 如果希特勒死于1939年夏天，第二次世界大战将不会发生。

2. 如果希特勒死于1939年夏天，第二次世界大战将依然发生。

有些历史学家不鼓励这种思考，但这两个假设之间的选择提出了历史中个人角色的重要问题，这不同于历史中更大的结构。我们不能让时光倒转，好些人以后见之明希望有机会杀死希特勒。不过，重要的问题是，这会给历史造成什么样的不同。

孟德斯鸠也预见到"路径依赖"的观念，主要是经济学家们发展了这一观念,并运用于东欧剧变后的变革和"资本主义多样性"之类的讨论。从 A 到 B 或许存在多条可能路线,可是你一旦选择了一条路线,通常就最好坚持下去。我正在上面打字的键盘的"qwerty"布局可能不是最方便的字母排列,可是一旦确立,再试图更改就是疯狂之举。人们可以通过各种可能的方式在东欧剧变后的欧洲重新引入资本主义和民主,但最初几周的选择往往会制约后来的选择。像美国和英国那样的自由市场经济体,或者像德国那样更具整合性的经济体,后者的银行金融业发挥了更大的作用,并且公司在决策中较少短期主义,这两者哪种更好?答案可能取决于你从哪里开始。

20　孟德斯鸠关于民族"一般精神"的观念被法国自由派贵族阿历克西·德·托克维尔(Alexis de Tocqueville)在《论美国的民主》中用作核心方法。这本书的写作基于 1831 年至 1832 年间的一次美国旅行,分成两卷于 1835 年和 1840 年出版。托克维尔表明,美国共和代议制民主的成功如何建基于他所谓的"条件平等",亦即没有贵族制或君主制的社会(尽管美国南方还有奴隶制,北方也还有种族主义)。不过,他认为,这种作为法国未来前景的广义的民主,也带来因循守旧的危险,以及他所谓的"多数人的暴政",这一措辞已经被大家接受。孟德斯鸠的思想也在涂尔干后来所谓的"集体意识"中得到共鸣。实际上,涂尔干写下了大量有关孟德斯鸠和卢梭的东西，将他们视为社会学的先驱（参见进一步阅读书目）。我认为，无论在有关假设的结构性框架的意义上，还是在库恩所谓的"学科基质"的意义上，我们都不能说他们中的任何一位开创了范式，但在处理不平等、民主以及社会和政治的关系等问题的方式上，他们两人都是主要的创新者。

2. 资本主义

喜欢也好，不喜欢也罢，在过去的几个世纪中，资本主义已经从根本上塑造了西方人的生活。马克思的分析依然是思考资本主义的最有力方式之一。马克思和他的合作者弗里德里希·恩格斯用自然科学的语言描述他们的想法：马克思考察了作为资本主义"细胞形态"的商品，论述了它的"运动规律"。恩格斯在马克思葬礼演说中认为，正如达尔文发现了自然进化的规律，马克思发现了社会进化的规律。马克思自己指出，阶级的存在当然不是由他**发现**的。不过，他关于生产方式以及在此基础上的阶级对抗塑造现代社会的看法，依然是当代社会理论中的一根关键的绳索。

让我们像马克思在1867年出版的《资本论》中那样从商品（commodities）或产品（goods）开始。一个商品，比如我正在用来写书的电脑，具有马克思所谓的"使用价值"，你可以用它来做事情。它也具有所谓的"交换价值"，我可以用它换其他东西，或卖掉它换钱。马克思利用他的人类学解读方法，分析了所谓的商品"拜物教"，商品在其中呈现的魔力，就像被崇拜的对象一样。例如，一位设计师设计的手提包具有一种"令人惊叹的因素"，似乎更"有价值"，这无关乎生产中耗费的原料和劳动。正如马克思所指出的那样，人与人之间的社会关系呈现为物与物之间关系的形式：1个古驰牌手提包＝10个普里马克牌手提包。虽然"物化"（reification）（人的关系转化为物）这一术语后来才开始使用，但是它很好地表达了这一看法。

当人们不仅将货币用作马克思所谓的"一般等价物"，亦即一种促成物品交换的便利方式，而且购买物品是为了获得利润而出售它们，这时候一种交换经济就真正开始了。马克思说的"劳动力"，人类劳动的能力，在资本主义中也可以成为一种商品。如果电脑坏了，你可以用比方说每小时30英镑的工钱雇人修理。资本家按照既定计划雇佣工人生产商品和服务，他们（希望）出售它们获得利润。利润来自何处呢？按照马克思的理解，基本上来自以下事实：工人生产了比他们获得的工资更多的价值，他称之为"剩余价值"。其他原因引起的任何额外的利润和亏损，对这个基本过程来说都是次要的，比如市场的供求波动，或者生产畅销产品的技巧和运气。换句话说，对雇佣劳动的剥削，不是资本主义恶劣形式的令人遗憾的特征，而是内在于资本主义过程本身的。

工人和资本家之间的利益矛盾同样如此。当独立的农业或手工业被更"有效率的"资本主义形式挤垮，工人为了生存就不得不为资本家工作。他们不能像马克思时代的某些社会主义者所做的那样，如实地要求

"他们劳动的全部价值",因为这跟资本主义的存在不相容。英国在1918年引入了著名的工党宪法第4条款(印在党员证背面),又在1995年被托尼·布莱尔(Tony Blair)取消。这一条款在声明目标时承认了这种关联:"在生产资料公有权、分配和交换的基础上,保证体力和脑力劳动者获得他们劳动的所有成果,并最公平地进行分配……"

马克思大量分析了机器的引进,以及他所谓的"资本有机构成"的变化,但很多后来的评论者认为,这实际上瓦解了"劳动价值论"这一学说。一个高度自动化工厂的工人能够在几分钟的工作中"赚取"他一周的工资,因而将他使用的资本设备视为"积累的劳动"似乎是错的。但是资本家以牺牲其他人为代价而变富这一基本观念,可能在这些理论困境中依然有效。托克维尔也在一家曼彻斯特工厂中注意到:"节约劳动的设备不断被发明,工人之间的竞争越来越激烈,工资水平降低了。"

根据马克思的分析,资本主义产生了阶级冲突,它是现代社会的基本冲突,可能像马克思和恩格斯在《共产党宣言》(1848)中断言的那样,也是其他社会形态中的基本冲突。利益冲突被意识形态所掩盖,尤其是做好一天的工作就得到一天应得的工资这种意识形态,被支付了"工作的价格"的工人没有意识到他们正在被剥削。也存在着其他形式的意识形态,比如用英国首相大卫·卡梅伦（David Cameron）的话说："我们都在同一条船上。"针对国家共同体观念，以及其他非阶级"共同体"观念，比如宗教信仰共同体、族群共同体等等，马克思主义极力主张国际性阶级"全世界无产者"为打倒全球资本主义而斗争。

不同于本书讨论的其他社会理论，马克思主义依然是学术界之外的重要政治力量。在追问资本主义是否是当下的"唯一选择"之前，我们有必要首先考察马克思主义下述主张的真实性：生产方式基础性地塑造了社会生活和人类历史的其他各个方面。

马克思和恩格斯往往使用一种不够有力的论证：因为物质生活的生产和再生产对人类社会的存在来说是基础性的，所以它决定了人类社会的结构。马克思这样精辟地总结："手推磨产生的是封建主的社会，蒸汽磨产生的是工业资本家的社会。"（这就是我们现在所谓的"技术决定论"，本书余下部分将不时地提到它。）实际上，马克思的立场对社会多样性要敏感得多，他曾经说过他"不是马克思主义者"。他的以生产为中心的方法是否适用于狩猎-采集之类的社会是一个复杂的问题，我不在这里处理它，但马克思确实关心它，他在阅读过程中汇编了大量人类学笔记。不过，他主要关心的是资本主义，他在资本主义最发达的伦敦研究资本主义，他和恩格斯在1848年革命失败之后定居在那里。更早的时候，恩格斯在1844年，托克维尔在1835年，用非常类似的术语描述了曼彻斯特工人阶级的状况。托克维尔建议改革，提出了包括工业化和工业城镇移民的更好规划，以及更平等地分享繁荣带来的利益。对于年轻的恩格斯而言，早在1844年，方案就是共产主义，"革命必将来临"。

马克思曾经想在《资本论》后面几卷中详细论述国家，但他过早离世，将《资本论》第2卷和第3卷的编辑工作留给了恩格斯。恩格斯认为，他和马克思偏向强调生产力基础的首要性。关于共产主义中的政治将会是什么样子，他们也语焉不详：如果国家在本质上是统治阶级的统治工具，它在无阶级社会中就丧失了重要性，政治仅仅成为做出理性的民主决策的事务。女权主义者和其他批评者已经指出，政治有比阶级更多的内容。这在某些方面显然是正确的。但是，它也同样想象了一个"政治终结"的未来。

不同于卢梭和孟德斯鸠，马克思毫无疑问能被认为在库恩的意义上建立了一种范式。许多社会理论家乐于将自己称为马克思主义者，更多的人引用马克思和马克思主义作为自己著作的关键参考点。甚至存在一种有点危险的倾向，将不同于马克思的各种发展说成是"他真正的意思"或马克思真正成熟的思想，而不是承认任何思想家的想法都会随着时间的变化而变化，并且可能需要修正。"修正主义"在更正统的马克思主义者眼中一直是一个贬义词，我们像犹太教或基督教那样谈论"正统",这在一个本质上是无神论的传统中是令人不安的。〔一些才华横溢的思想家,比如文学理论家特里·伊格尔顿(Terry Eagleton),或者哲学家安德鲁·科里尔(Andrew Collier),试图结合马克思主义和宗教,并且解放神学的整个传统通常由马克思主义者构成,但这两个成分之间显然存在张力。〕

安东尼奥·葛兰西(Antonio Gramsci)是意大利马克思主义理论家和两次世界大战之间的共产主义活动家,他关注他所谓的公民社会、霸权,以及俄国和欧洲其他部分的区别,由此发展了马克思的模型。在帝国主义俄国,"国家就是一切",独立的社会组织只存在于大城市。而在意大利和其他类似的社会中,存在着主动的非国家机构和独立的公共领域。这意味着20世纪20年代的意大利社会主义者不能简单地致力于用单一的革命行动占领国家,而不得不重塑社会的"常识"(common sense,或译为"共同感觉"——译者注),赢得公民社会大部分人的支持。

马克思和恩格斯在他们的意识形态分析中提到过这一方式。在当时没有出版而现在已经成为马克思主义经典文本之一的《德意志意识形态》(以各种节略本形式出现)中,他们处理了观念在人类历史中的重要性这一基本问题。他们批评德国的社会主义者们过分强调观念的作用,相信批判本身足以改变现实。对于马克思和恩格斯而言,错误的观念,比如上文提及的公平的日工资的观念，源于生产方式和相应的政治与法律关系。我们不得不在实践行动中直接处理它们，尽管也需要马克思后来在《资本论》中提供的那种批判性社会分析。

除了对当代社会不公正的批判之外，宗教批判也是马克思的起点之一。伏尔泰曾经说过，如果上帝按照他自己的形象造人，那么人"当然会回报敬意"。路德维希·费尔巴哈被马克思形容为"古代哲学的真正征服者"，他后来更详细地发展了宗教作为人类的投射的思想。马克思认定宗教是虚假的，并且追问人民**为什么**相信宗教。他起先提出了著名的说法，宗教是"人民的鸦片"，之后又提出了引用得不那么频繁的说法，"宗教是被压迫生灵的叹息，是无情世界的感情"。我们托庇于宗教的幻象，是因为我们的社会和政治环境不令人满意。

尤其是，政治领域是宗教领域的翻版，同样具有典礼仪式和繁文缛节。那么，政治领域何以如此？因为我们的社会关系也被剥削和阶级对抗撕裂了。唯心主义哲学家黑格尔相信，国家可以调和这些社会矛盾；马克思则认为，需要社会革命而不只是政治革命。人民在本质上并不是对抗性的。市场社会中人与人之间的隔阂，反映为国家和社会之间的分离，以及政治与宗教之间的分离。因此，如果你像马克思那样拉扯宗教的毛线，就将至少在理论上拆开资本主义社会这件毛衣的剩余部分，包括编织在里面的劳动。

所有这些都意味着，意识形态不仅仅是社会关系的副产品。马克思后来说，"理论一经掌握群众，也会变成物质力量"。如果事情以扭曲的形式出现，同样很重要。马克思用照相暗盒中的影像来比喻，外部事物在那里显得上下颠倒。例如，在意识形态中，上帝任命君主管理社会，我们的义务是崇拜上帝和尊敬君主。在资本主义中，"按工论酬"掩盖了剩余价值的提取，以意识形态的形式证明了剥削，这比封建地主基于你在神定的等级制度中的地位而向你索要产品的一部分更加不易被察觉。（如果地主从你的四捆干草中取走一捆，就会引起你的注意，而你的工资单却不会显示资本家利润的扣除量。）不仅在马克思的时代，而且自那以后，意识形态分析都表明，它也在性别、种族等基础上论证了不平等和剥削的合法性。

葛兰西从列宁那里借用了"霸权"这一术语，列宁用它来指俄国工人阶级在俄国革命中对人数多得多的农民的领导权。葛兰西以此为起点，分析意大利工人阶级在一个意识形态开放得多的政治环境中，获得意大利社会其他部分人支持的可行方式。20世纪后半叶，他的看法在西欧其他地方，尤其是在英国，产生了异乎寻常的影响。这些看法被英国马克思主义期刊《新左派评论》（*New Left Review*）所接受，并且成为文化研究（同时也是《新左派评论》）的创立者斯图尔特·霍尔（Stuart Hall）的核心思想。霍尔创造了"撒切尔主义"这一术语，撒切尔夫人有力地综合了新自由主义经济教条、民粹主义政治风格以及更加传统的民族主义的（甚至是仇外的）保守主义，霍尔是对此最尖锐的分析家之一。

有没有经济生活中的某些事情在市场的基础上被组织安排得最好呢？马克思认为没有。至少在早期著作中他对比了两种情况：一种是他设想的人们为了满足其他人的需要而工作的情况，就像我们社会中的父母或家庭照料者通常所做的那样；另一种是为市场而工作的异化劳动，这种工作仅仅是目的的手段。正是这一点甚至使独立的工作也异化了。如果资本家控制了生产过程，就像很多机械化的或流水线的工作那样，这就只是异化的附加因素。不同于那些更加非正式的互惠交易形式，货币可能使社会关系变质。〔正如作家珍妮特·温特森（Jeanette Winterson）曾经说过的那样，试着在一夜激情之后的早晨，给你的情人 20 英镑吧！〕

在马克思之前很久和之后很久，都有其他分析家不同意这一方法。亚当·斯密的名言是："我们每天期待的饮食，不是来自屠户、酿酒师或面包师的仁慈之心，而是来自他们对自我利益的关注。"这里的问题究竟何在？"理性行为理论"会说，这就是我们的行为方式，尽管有人会说，我们也可以选择无私地为他人工作。市场生产的任何替代性选择都提出信息问题。像苏联那样的中央计划经济依赖于商品需求和生产的预测，但却受到短缺困扰而声名狼藉。由独立生产者组成的市场能够更加灵活地应对需求变动。另一方面，像医疗保健那样的某些商品，我们可能觉得不应该商品化和市场化，医院由于你信用卡过期而拒绝抢救，似乎违背了重要的原则。

另一组问题涉及资本主义的限制。许多国家允许土地买卖，包括小型岛屿的买卖，但如果说临近萨克岛的私有的布雷库海峡岛被卖给俄罗斯人，就像希腊的斯科皮奥斯岛2013年的情形那样，也会让人担忧。更为严重的是，资本家的利益能够有效地控制国家，最引人注目的是"毒品州"的情况。（正如对当前违禁药品的预期合法化讨论所表明的那样，合法企业和非法企业之间存在严重交叠。）

社会民主主义者不切实际地试图让国家控制英国工党所谓的经济"命脉"，而将其余部分留给私营经济。更流行的替代方案是，甚至在基础设施和公用事业中都引进私有制，但通过某种形式的政府"监管"防止事情失控。（我在20世纪60年代第一次玩大富翁游戏的时候，认为可以买卖公用事业公司的想法是一段奇特的古代史……）

搁下这些当前的争论不谈，我们可能要像20世纪中叶的社会主义者那样问：是不是工业主义，而不是资本主义,真正造成了区别?始于1947年的冷战时代,东西方冷静地思考核末日,威胁"相互毁灭"(mutually assured destruction),这往往被简称为"疯狂"(MAD)。雷蒙·阿隆(Raymond Aron)是认真关注这些问题的社会主义者之一,他由于所谓的"工业化社会"理论而更加出名。阿隆指出了发达的资本主义社会和苏联的社会主义社会之间的相似性,而它们本来被认为是相互对立的。两者基本上都致力于大规模工业化生产(自亨利·福特的大规模汽车工厂以来,有时候被称为福特主义),生活在城市中受过高等教育的人口不断增加,依赖于复杂的交通系统(汽车、地铁等)。莫斯科没有私人商店,私人汽车也比纽约少得多,但它们的基础设施和人口结构几乎一样。

下一步是"趋同"理论,尽管这是阿隆反对的:两种类型社会之间的这些相似性将变得越来越大。在一种被称为"功能主义"(下一章将更详细地讨论)的方法中,家庭和教育体系之类的机构由它们对整个社会的有利影响来解释,工业主义的逻辑**要求**人们受教育、进城市、重健康、用手机等等。(这是非马克思主义版的"技术决定论",它认为技术决定了社会关系。)这里展示的同心圆是思考这一方法的好方式,我记得发展社会学家罗恩·多尔(Ron Dore)多年前在一次讲座中用到它:

内圈代表工业生产,致力于钢铁、煤炭、石油、发电等,铁幕两边采取相似的形式,其他圆圈代表人口结构、家庭模式、城镇社区、义务教育等,内圈被外圈环绕。如果你十分确定,没有家庭农场也能养活孩子,你就不必供养一个大家庭。不过,你需要生活在大城镇中,那里常常有大规模的工业,人们可能需要读写(以及计算)能力以便从事这类工作。20世纪30年代苏联快速工业化计划的动机之一,是相信受过教育的拥有技术的工人阶级会支持苏联政权。一个强大的工业化国家也会在另一次类似1941年希特勒发动的战争中保护苏联。

趋同理论与两种社会形式的官方意识形态相矛盾。按照官方意识形态的说法,苏联及其卫星国是极权主义的独裁统治,要不然就是,美国以及类似的社会不仅是剥削性的,而且是侵略性的。不过,它与下述观点是相容的:当工业化的焦虑还会激起人们不满的时候,社会主义往往不是资本主义生产力高度发展之后的产物，而需要进一步大力发展生产力，完成工业化。

在西方国家，马克思主义理论一直是社会理论之一，往往和后面章节中将要讨论的其他理论混在一起，并且马克思主义理论强调的阶级冲突已经被非马克思主义的民主政治理论接受。在欧洲，政治竞争往往包括一个或几个工人阶级支持的政党，它们带有或多或少的社会主义意识形态，跟保守党和自由党相对立，尽管美国不是这样的。

在20世纪最后30余年中，反资本主义运动和各种"新社会运动"相结合，同时也和它们相竞争，处理了一些社会主义以前很少讨论的问题：性别不平等、生活方式的政治意义，以及不断发展的环境危机。后者已经成为一个令人关切的问题。将妇女从父权制（父亲和男人的统治）中解放出来，曾经是社会主义政治理论的一个重点，比如恩格斯的《家庭、私有制和国家的起源》（*The Origin of the Family, Private Property and the State*，1884），德意志帝国时期的奥古斯特·倍倍尔（August Bebel）和俄国革命战争时期的亚历山德拉·柯伦泰（Alexandra Kollontai）的著作和实践。20世纪末，社会主义的女权主义者直面资本主义的生产关系和父权制下的生育与家务劳动关系两者之间的相互作用。其他人追随美国女权主义者贝蒂·弗里丹（Betty Friedan）改写《共产党宣言》的口号，将迄今为止所有社会的历史解读成男人和女人之间的性别斗争史。

马克思主义反对剥削人，但不太困扰于利用自然，认为这可能为所有人带来进步和繁荣。不过，政治上的左派渐渐地开始处理过度增长的危险、动物种类的消失、生态环境的危机等问题。乌尔里希·贝克（Ulrich Beck）的著作《风险社会》（*Risk Society*）在1986年出版，紧接着发生了切尔诺贝利核电站事故，这一事故产生的污染，在欧洲远至威尔士，在亚洲远至太平洋，并且很可能变得更加严重。

尽管马克思和恩格斯的思想有浓厚的女权主义元素〔马克思的女儿埃莉诺（Eleanor）是后来所谓马克思主义女权主义的先驱〕，但重建"绿色"马克思却不是完全不可能。马克思的思想非常重视人在自然中的位置，以及人与自然（其余部分）和谐相处的必要性，于是当然就有可能论证，只有社会主义才能为人类社会的可持续发展提供条件。

3. 社会

在海格特公墓的马克思墓对面是赫伯特·斯宾塞的墓。斯宾塞是继奥古斯特·孔德之后首批将自己称为社会学家的人之一，是社会进化论的先行者。斯宾塞将人类社会视为有机体，它具有作为大脑的政府，作为神经和静脉的交通网络，等等。相应于自然的进化，社会发展的综合过程引导人类社会从军事的形式向工业的形式转变，这预示了在前面章节中讨论过的工业社会理论。社会进化论近年来有所复活，它是社会理论中的马麦酱[1]，人们或者将之视为社会理论科学化的唯一方式，或者激烈地反对它。

社会进化论的核心观念之一是分化(differentiation)。自然的进化从单细胞生物向人类或其他高等动物发展，社会也可看成从简单形式向现代社会发展。在简单形式中，大多数人只做一两种事情（抚养孩子、打猎、采集食物等），而在现代社会中，职业清单可达上千种。一些西方批评家对共产主义社会的主要批评是它们缺乏分化，强化意识形态的一致性，这使得它们在某些创新形式上比较贫乏，比如20世纪晚期的计算机技术。

---

[1] 马麦酱（Marmite）是一种用啤酒酿造过程中最后沉淀堆积的酵母制作的酱料，有强烈而独特的气味。——编者

社会进化论另一方面的关注,与其说是分化,不如说是学习。这更接近孔德的观点,人类思想和各门科学从神学阶段,经过形而上学阶段,发展到实证阶段,神学阶段用超自然力量解释现象,形而上学阶段用抽象原则解释,实证阶段在观察和实验的基础上进行精确的科学证明。数学、物理学、生物学完成了这一转变,作为科学女王的社会学在孔德自己的工作中得以完成。正是这一构想,而不是孔德后来发明的"人道教"(religion of humanity),被约翰·斯图尔特·密尔之类的哲学家们和一些历史学家热情接受。紧接着,它还对涂尔干的科学社会学观念产生了重要的影响。20世纪晚期,进化式学习的观念被尤尔根·哈贝马斯(Jürgen Habermas)用于"重建"马克思的历史唯物主义(参看中译本《重建历史唯物主义》——译者注)。

从自然进化观到社会进化观的转换中,更成问题的是自然选择观念或"适者生存"理论。协约国赢得了20世纪的两次世界大战,究竟是由于它们更适于生存,还是由于其他原因?社会的崩溃能够如此简单地加以解释吗?很多人想要解释"崩溃",比如贾雷德·戴蒙德(Jared Diamond)2005年具有影响的书,书名强调了多种不同因素。(这是指 *Guns, Germs, and Steel: The Fates of Human Societies*《枪炮、病菌与钢铁:人类社会的命运》一书,上海译文出版社2006年有中译本——译者注）比如，为了解释东欧剧变，你需要解释整整一大堆因素：从计划经济体系的缺乏效率，到苏联国际角色的变化，到意识形态的幻灭，可能还包括西方摇滚音乐和流行文化的腐蚀性影响。我们往往将自然和人类社会的历史都描写得好像事情不可避免，但实际上每个阶段都存在着很多其他的可能性。最近的研究显示，恐龙的灭绝（对它们来说）是一个不幸的意外事件。如果它们存活下来会怎样？我们此刻还会在这里吗？第一章提到的跟孟德斯鸠有关的路径依赖理论，小心地避免说我们总是在最佳路径上起步。

生物有运行参数：如果我的体温骤然升高到非正常水平，我知道去看医生。我们有时候将社会称为"病态的"或"健康的"，但缺少相应的体温计或扫描仪。更确切地说，我们应该以这种方式思考社会吗，它们究竟是什么？19世纪末，生物有机体的类比变得不那么流行了，但是爱米尔·涂尔干继续用类似进化的方式对比部落社会的"机械团结"和劳动分工更发达的社会的"有机团结"。在第一种类型的社会中，人们都是狩猎-采集者，做很多相同的事，因而有共同感。在第二种类型的社会中，正如亚当·斯密和斯宾塞认识到的那样，我们为了产品和服务而相互依赖。不过，涂尔干和斯宾塞有所不同，强调了团结的必要性，提出了加强这些相互依赖关系的想法。

涂尔干还通过考察土著澳大利亚人对自然物或动

物的图腾，认为自己识别出了"宗教生活的基本形式"。（参看涂尔干同名著作《宗教生活的基本形式》——译者注）他认为，所有宗教都区分神圣的事物和非神圣的事物，甚至世俗主义者也会认为人权或国界是神圣的。宗教在人类社会中无处不在，而不仅仅是一个错误，因此，它如果不和超自然世界或精神世界有关，就必然在实际上跟社会有关。在我们之外**存在**着某些事物，它们大于我们，在我们出生之前就长久地存在着，在我们死亡之后还将长久地存在（我们假定如此），它们赋予我们的生命以意义。宗教信仰者误认为是超自然的事物，实际上是我们生活于其中的社会。宗教，乃至世俗信仰体系，都歌颂社会和社会的团结。

涂尔干的宗教理论说明了社会理论的一个重要特征。如果你是一个宗教信仰者，当你开始阅读前面的段落，并且（相当轻易地）接受里面概括的论证，你此刻就可能不再是一个信仰者了。马克思同样从假定宗教信仰是错误的出发，去解释人类社会和政治生活的形式，这些形式导致了包括宗教在内的幻想事物。我们之所以想象一个理想的世界，是因为我们自己拥有的世界正如他所说的那样是"冷酷无情的"，我们之所以想象一个理想的仁慈的世界统治者，是因为我们自己的统治者并非如此。我们也用宗教的语言和形象来美化政治，并且像黑格尔那样认为——按照马克思的理解——政治能够弥合社会冲突，把我们所有人都团结在一起为公共利益服务，正如在教会中那样。在马克思看来，宗教和政治迂回或歪曲地表达了我们社会中的某些错误：一些人受另一些人剥削。

一些社会理论具有这种"揭露"性质，另一些则可能加强或至少不挑战传统信仰。进化理论倾向于让我们相信事情的结果毕竟是好的，此外只是一些我们不再需要的残余物（正如阑尾过去被认为的那样），如果它们造成麻烦，我们也可以将其切除。和进化论紧密相关的是 20 世纪中叶以功能主义（functionalism）闻名的一种社会理论，涂尔干在讨论劳动分工的第一本主要著作中预言过这种理论。基本想法是一个不成问题的问题：[某种自然事物或社会事物]是**做**什么用的？心脏为身体输送血液。家庭是亲属关系的基础，往往也是养育子女的基础。这样说并不是说它们被有意这样安排，而是说它们**似乎**如此，除非你相信神圣的创造者。如果你的心率紊乱，你可以安装各种小巧精致的设备改善它的运行。同样，尽管人类的家庭结构由猿类的发展而来，人类却经常通过财政或法律手段，以及鼓励生育的政策，来"支助"家庭。

功能通常被认为是有用的。涂尔干论证说，劳动分工发挥了有益的作用，造成了由相互依赖关系引起的"有机团结"，但这并不能解释它何以产生。这一点他通过人类社会密度的增长和人们渴望没有同行竞争的舒心生活来解释。

功能主义还认为,经济奖励和其他形式的社会认可与我们对社会的贡献相对应,而不平等在激励人们做出特别有价值的贡献上又是必要的(就像银行破产一样)。虽然这种辩护方式是功能主义自然而然的结果,但是苏联马克思主义也被用来向你保证,苏联社会的一切都是最好的,没有生活在资本主义的西方国家是幸运的。美国社会学家阿尔文·古德纳(Alvin Gouldner)撰写的经典著作《西方社会学面临的危机》(*The Coming Crisis of Western Sociology*,1970),指出了北美功能主义和苏联马克思主义之间的这种相似性。

社会的健康和疾病这对并联的观念,也是涂尔干最知名的著作《自杀论》(*Suicide*,1897)的基础,他在这本书中论证了多种社会变量(婚姻状况、宗教等)对不同自杀率的影响。他指出,新教人口的自杀率高于天主教,因为他们不那么紧密融合。新教鼓励独自反省,这可能会弱化共同信仰的力量。天主教徒保持和神父的紧密联系(看到那么多性侵报道之后,我们也许会说,有时候太紧密了)以及忏悔和赦免仪式,而新教徒则保持和一个不在场的神的孤独关系。大体而言,单身的人比已婚的人更容易自杀,这也表明社会纽带的重要性。

为了强调社会融合的必要性,涂尔干提出区分社会"正常的"状态和"病态的"状态。"正常的"犯罪率和自杀率是指一个特定类型的社会（比如，像法国或德国那样的现代工业社会）统计学上的正常。如果某个地方的比率异常高或低，我们就要追问其中的原因。对涂尔干而言，社会是一个解释性原则，比如，它解释我们的道德准则。僧侣共同体中的坏行为非常不同于犯罪团伙中的坏行为。在这个意义上，涂尔干的方法是相对主义的，对于客观的社会学诊断是否可能，提出了相当大胆的主张。

涂尔干关于自杀的分析依然是当代研究的一个主要焦点。正如克里斯蒂安·鲍德洛（Christian Baudelot）和罗杰·埃斯塔布莱（Roger Establet）的著作《自杀：现代性的背面》（*Suicide: The Hidden Side of Modernity*，2008）所表明的那样。他们认为，涂尔干强调社会融合以防范自杀的基本原则是正确的，但这需要以一种更微妙的方式来理解。例如，他简单地说贫穷使我们免于自杀，这是错误的。当思考贫穷的时候，我们要区分那是几乎所有人都共同遭受的贫穷，还是常常出现在更富裕的社会中的那种意味着丧失资格、失去保护、受人排斥的贫穷。正是后者可能解释了在更穷的人们和地区中的更高的自杀率。

涂尔干的宗教社会学也提供了被称为"知识社会学"之类的东西，因为社会结构不仅解释了我们的宗教信仰，而且解释了我们的科学和文化信念。让我们再次关注他对简单的或"原始的"社会的思考。涂尔干和同为社会学家的外甥马塞尔·莫斯（Marcel Mauss）论证说，原始社会定居点的空间结构往往复制有关天国的构想。我们基本的时空观念是被社会的时间（季节、收获、节日等等）和社会的空间（例如，我们的定居点终于何处，以及下一个定居点始于何处）塑造的。

涂尔干对信念体系的分析不同于马克思和其他人所说的意识形态，后者更强调歪曲、虚假意识和揭露真相等主题。对涂尔干而言，重要的是常识性知识和社会学家的科学性知识的对立。阶级冲突是由劳动分工引起的病态的状态。它不是资本主义所固有的，可以通过废除财产继承和发展职业团体来加以缓解，这种职业团体像中世纪行会那样把工人和雇主联结起来。

涂尔干对社会统计数据的运用在社会理论中是范式创新的典范。即便他的统计数据靠不住（它们确实如此），他的推论含糊而随意，社会学家们依然以他为参照标准。曾经在法国繁荣兴盛的"涂尔干学派"早已不复存在，但社会理论中依然可见涂尔干式方法的存在。20世纪中叶，功能主义社会学和系统理论接受了涂尔干强势的社会概念，以及他对社会团结和共同价值体系的强调。控制论、反馈和平衡等其他功能主义思想也被用来解释人类社会以及经济和政治体系。经济模型变得特别流行起来。（例如，在计算机时代之前，英国财政部有一个关于英国经济的水力模型，不幸的是，它后来漏水了。）

英国社会学家大卫·洛克伍德（David Lockwood）在他关于系统理论的才华横溢的评论中指出，应该区分共同起作用的两种融合形式：系统融合（系统各部分如何配合好）和社会融合（构成系统的人如何彼此协调好）。例如，在欧盟改革提案中可以看到这种对比，一些分析人士强调重组欧盟机构，另一些分析人士则强调要在政治领导人和民众中鼓励形成更强的欧洲认同感和团结感。

不同于某些后来的功能主义理论家，涂尔干仔细区分了社会建制的功能（比如劳动分工）和引起它们的原因。说某事物存在是因为它对社会有益，只有当你能够证明那些有益结果通过某种机制实现才能加以解释。这可能是一种半自动的反馈机制，就像陀螺那样；或者也可能始终贯穿着深思熟虑的政策，就像政治家们由于相信"家庭"有益于社会而努力强化它那样。更基本的是，有人可能质疑整个系统模型，他们否认社会如此团结一致，更愿意关注个人行为。正如我们将在下一章中看到的那样，与涂尔干同时代的马克斯·韦伯反对有机社会模型，而赞成一种关乎社会行为的解释社会学。我在2006年的一本书中认为，这是一个更合理的立场，尤其是随着全球化、国际移民以及欧盟之类跨国政治联盟的形成，现代社会变得更少限制、更加松散。

4. 资本主义的起源和社会行为理论

有谁关心资本主义源自何处？马克思当然关心，尽管他往往强调当下，并曾经写道："人体解剖对于猴体解剖是一把钥匙。"但是，我们是将资本主义的兴起看作"欧洲的奇迹"（European miracle）〔这是埃里克·琼斯（Eric Jones）1981年知名著作的标题〕，还是看作导致世界不同地区兴衰的**全球性**生产、贸易和军事征服关系的重构呢？**这确实**是不一样的，尤其对现代后殖民理论来说更是如此。欧洲在上个千年的后半期地位更突出，这在一定程度上取决于之前世界更先进地区的变化。如今，欧洲人再次向东方寻求尖端科技的范例。

马克斯·韦伯被称为资产阶级的马克思，他先开始研究经济史，但后来将自己视为社会学家。他的方法是现代社会理论的另一条主线。韦伯是极富洞察力的政治动物，但却致力于"价值中立"的社会科学，区分事实分析和价值判断。他剔除了马克思主义分析中的政治，修改了马克思的阶级模型，提出了关于社会行为的一种看法，并将之发展成为下文讨论的解释性社会理论。

虽然马克思主义是韦伯的参考点之一，但是他最受欢迎的著作《新教伦理与资本主义精神》（*The*

Protestant Ethic and the Spirit of Capitalism,1904—1905)提出了一个与马克思主义相对立的模型,尽管他承认,如果将其视为整个真理,那将是"同样片面的"。韦伯没有像马克思那样假设生产方式(比如早期资本主义)会引发为之辩护的意识形态(比如同时出现的基督新教),而是问我们是否可以把这个问题反过来。如果起源于宗教的新教"职业伦理"为更"理性的"资本主义形式提供了最初的推动力,会怎么样呢?他认为事情就是这样,欧洲采取加尔文新教的部分地区更早地确立了这种形式。他后来的很多著作致力于表明,其他主要的世界性宗教(犹太教、伊斯兰教、印度教、佛教、儒教和道教)何以不能在现代资本主义早期萌芽也可能出现过的地方扮演这种角色。

这种相关性远远超越了历史史实的争论。韦伯还分析了一种新兴的现代资产阶级生活方式,那就是理性的自利计算,尽管同时也存在着对其他道德、宗教或政治价值的承诺——这是西方国家的特点,也越来越是全球现代性的特点。马克思倾向于将社会理论视为社会关系的简单产物,而韦伯所发展的社会理论则旨在理解和解释人类的行为。马克思认为,显而易见的是资本家不得不积累利润,而韦伯则想要知道,人们如何学会系统地计算和测量利润。

这种"从内部"理解人们行为的想法,在19世纪晚期的德国历史著作中是一个强有力的主题,但将它引入社会学的是韦伯和齐美尔。人类的行为（以及其他动物的行为）只要不是不自觉的，就具有自然过程所没有的"意义"（meaning）。我们可能说乌云"意味着"（mean）下雨，下雨"意味着"（mean）河水泛滥，但这些不是有意图或有意义的过程，不同于我"意图"（mean）完成我的书，或者 Buch"意思是"（means）德语中的"书"。我们可以在解释的意义上来理解，泰晤士河如何开辟了一条道路，通往现在我们称为伦敦的这个地方，但这个城市的发展，也能从定居在河边的人们的意图来理解。

这种理解的一种形式可能包含同情（sympathy）或移情（empathy），而另一种形式则只是感觉行为"符合常识"（makes sense）。比如邻居说他们不卖房子，是因为没有得到足够好的工作录用通知。在韦伯的新教经济伦理模型中，为拯救而焦虑的人们在"召唤"中辛勤劳作，这种劳作正在产生令人满意的结果，他们以此自慰。对韦伯而言，这"符合常识"（made sense）。他收集了一些（相当粗略的）证据，表明人们确实这样想；又收集了一些有争议的经济统计数据，表明现代欧洲早期的加尔文新教地区在经济上比天主教地区更富有革新精神。他的探索性解释既符合"意向恰当性"（meaningfully adequate），也符合"因果恰当性"（causally adequate）。

假如涂尔干读了《新教伦理与资本主义精神》这

本书（迄今为止，就我们所知，他没有读过），他可能会说："废话！要坚持可被观察和测量的东西，而不要对意图和其他心理过程进行猜测。"不过，事实上，涂尔干的《自杀论》充满了什么是丧偶，什么是离婚，以及诸如此类的常识性（common-sense）观念。尽管他坚持认为科学社会学应该与常识（common sense）决裂，但他却跟韦伯一样依赖于它们。

韦伯在1920年过早离世，此后出版了他后来发展的体系，他在其中识别了四种主要的行为类型，人们的实际行为可能或多或少都与之相近。传统的行为是最无反思性的，如果我们被要求解释何以如此这般地行事，我们可能简单地说"习惯了"或"我们这里就是这样做的"。局外人可以理解这种行为，即使他们认为这种做法"原始"或愚蠢。情感驱动型行为，比如"路怒"导致我们按汽车喇叭或做粗鲁手势，通常也是非反思性的。我们同样可以理解这种行为，即使我们觉得有人因为做鬼脸而受到攻击是过分了。韦伯所谓的理性行为也有两种。第一种是目的理性，在这种行为中，我们采取认为最好的手段去实现一个既定的目标。如果没有令人满意的手段，比如不能在允许的时间内完成旅行，我们就会放弃。第二种韦伯称为价值理性，在这种理性行为模式中，我们不惜代价地追求价值。反抗敌人的战士知道他们的任务不可能取得任何效果，但依然感到"必须做些什么"去反抗。韦伯称这种动机为"信念伦理",区别于根据现实情况调整目标的"责任伦理"。[玛格丽特·撒切尔(Margaret Thatcher)骄傲地自称为"有信念的政治家",不同于保守党温和派的前任。]

这些行为类型可以结合在一起。传统可以被发明,礼仪可以被模仿。政治家可以在辩论时彼此显得怒气冲冲,之后又被发现在一起愉快地饮酒。韦伯相信,现代性有一个理性化的基本过程,以不同的方式表现在行政程序、法律规范、商业惯例乃至宗教等诸多领域的系统化之中。韦伯被认为是官僚主义的伟大理论家。他认为,任何类型的管理都倾向于变得更形式化。形式化的体系也许不是更有效率,但它们更可靠,并且"在技术上更优越",一旦建立就往往不会被废除,除非整个组织崩溃。不过,人们可以发展非形式化的策略来绕过形式化的规则,比如通过私人接触、电话联系,而不是书面交流,等等。

韦伯的官僚主义政治概念是中性的,但他认识到它的病理层面,即"机器"的运行本身成了目的。[电视喜剧《是,大臣》(Yes, Minister)最出色的一集,主要介绍了一家没有病人的医院,管理部门在其中完美地工作。]就政治观点而言韦伯特别关注"官吏统治"(rule by officials)以及职业政治家的官僚化,他将希望寄托在直选总统之上,他可以简化烦琐的手续,并指出真正的政治方向。韦伯也希望德国拥有更强大的议会，这与其说是为了民主，不如说是为了培养更有能力的政治阶层。

韦伯将自己称为"具有阶级意识的资产阶级分子"，他的政治立场是自由而坚定的民族主义。不过，他坚持严格地区分社会科学的实践和政治或其他的价值表达。这在某种程度上是为了避免科学被价值判断污染（这在20世纪的社会科学中司空见惯），但对韦伯而言，同样重要的是意识到价值应该自由选择，而不是相信社会分析的承保。韦伯说，如果你愿意，可以去做马克思主义者、无政府主义者、和平主义者或民族主义者，但不要自欺地认为，你的承诺是从你的社会科学中合乎逻辑地推出来的。这一点，加上他的早逝，部分地解释了何以没有"韦伯学派"，也没有在马克思或涂尔干拥有众多追随者那种意义上的范式，但他更具扩散性的影响在社会理论中跟涂尔干一样强大。

对社会理论的历史来说，更为有趣的也许是后来的思想家结合马克思和韦伯的方式。匈牙利马克思主义者乔治·卢卡奇（Georg Lukács）做出了最重要的贡献，他参加了齐美尔在柏林的讲座，也是韦伯在海德堡讲座的常客。卢卡奇所谓的"物化"（reification）（人们的社会关系向物转变）综合了马克思的商品拜物教观念和韦伯的理性化概念。对马克思而言，工人和雇主之间的社会关系，不可避免是剥削性的，且本质上是对抗性的,但却被转变为"按工论酬"。人类的产品像科学怪人弗兰肯斯坦(Frankenstein)一样统治和威胁它们的生产者,这一基本观念并不新颖,但卢卡奇从齐美尔那里借来"物化"这一术语作为马克思思想发展的一个环节是如此自然,以至于常常被认为是他的核心概念之一(这个词在马克思的《资本论》中只出现了一次)。

物化是新马克思主义者批判理论的核心概念,对于西奥多·阿多诺(Theodor Adorno)的思想来说尤其如此。阿多诺和马克斯·霍克海默(Max Horkheimer)一样,是法兰克福学派批判理论的关键人物,服务过法兰克福社会研究所,一度流亡纽约。阿多诺和霍克海默的《启蒙辩证法》(*Dialectic of Enlightenment*, 1947)包含了对大众文化或他们所谓"文化工业"的批判。在阿多诺悲观主义的视野中,"曾经被哲学称作生活的东西,已经变成私人的领域,并随之变成仅仅是消费的领域"。资本家的剥削只是统治的一个方面,结果是法兰克福学派的另一位思想家赫伯特·马尔库塞(Herbert Marcuse)在他1964年影响深远的书《单向度的人》(*One-Dimensional Man*)中所谓的"单向度的"或非批判的思想。

阿多诺将统治作为分析的核心,在某种意义上,这是在追随马克斯·韦伯。韦伯认为,尼采对权力的强调补充了马克思对剥削的关注。他曾经说过,一个思想家的严肃性可以通过他对马克思和尼采的回应来测量。他分析了权力分配的各种形态,比如阶级、地位群体(status groups)[例如封建社会的"等级"(estates)]、政党等,由此扩展了马克思对阶级的关注。在20世纪晚期,美国的西达·斯考切波(Theda Skocpol)和英国的一批社会学家[安东尼·吉登斯、迈克尔·曼(Michael Mann)和马丁·肖(Martin Shaw)]重提国家权力、国家间关系、民族主义和战争等主题,在社会学和国际关系中植根于外交史和战争史的新领域之间架起了桥梁(参见第七章)。

鉴于马克思展望了共产主义废除剥削和异化的社会前景,法兰克福的理论家们回应了西方国家工人阶级共产主义运动的失败、俄国革命后逐渐形成的高度集中的僵化模式,以及法西斯主义在欧洲许多地区的胜利。甚至1945年法西斯主义和纳粹主义的失败也没有给人多大希望,表明现代社会可以克服马尔库塞在《单向度的人》开场白中所描述的状况:"在发达的工业文明中,一种舒适的、平稳的、理性的、民主的非自由状态普遍盛行,这是技术进步的象征。"

战后,批判理论的第二代接受了"物化"这一术语,尤尔根·哈贝马斯在《交往行为理论》(*The Theory of Communicative*, 1981)中用它来论述资本主义,批判理论的第三代通过阿克塞尔·霍耐特(Axel Honneth)也接受了这一术语。彼得·伯格(Peter

Berger）和托马斯·卢克曼（Thomas Luckmann）在他们的《现实的社会建构》（*The Social Construction of Reality*，1966）中以不同的方式使用它，产生了下一章讨论的"社会建构主义"方法。它所指的是，我们把大部分自己定义的社会现象视为理所当然的那种方式。（性别或种族的成见就是很好的例子。）

哈贝马斯在他对历史唯物主义的"重建"中，以及在"交往行为理论"中，和重视马克思一样重视韦伯。他运用的行为理论建立在韦伯的基础之上，但超越了韦伯，旨在改进马克思主义对资本主义的批判。他出色地穿梭于本书前几章和下一章讨论的理论，主张建立一种交往行为模型，作为现存各种行为理论的基础。

哈贝马斯讨论了三种标准的行为模型。其中之一是韦伯的目的理性行为模型，哈贝马斯称之为"战略性的"：就像操控环境的其他方面一样操控人，以达到既定的目的。第二种是规范调节行为：这是功能主义的观点，认为人们的行为和角色表现受制于他们对共同价值体系的尊重。第三种是下一章探讨的戏剧行为模型，它强调社会行为是一种表演。哈贝马斯认为，所有这三种片面的方式都依赖于一种更基本的交往行为观念，亦即人们旨在就外部世界的事态、内部的情感和情绪、合乎道德和法律、应该去做的事达成共识。

哈贝马斯举的例子是一个教授在讨论课上叫一个

学生帮他拿一杯水。他们不是在军队中,所以这是一个请求,而不是一个命令,接受请求的人可以顺着以下思路发出质疑。首先,这个请求的假设是房子里有可以找到的水源。其次,教授是真的想要一杯水,抑或只是想让这个学生在其他人面前难堪。第三,教授是否有权利这样要求,这个学生可以这样回答:"我不是你的仆人。"

从对现代性和资本主义的分析开始,我们似乎已经经历了漫长的过程,但哈贝马斯用这一行为模型表明,在大约17世纪以来的欧洲现代性中,人们如何开始质疑传统的信仰和权威,并思考社会关系的合理重组。例如,在18世纪末的法国大革命中,理性取代了基督教和其他宗教的神。哈贝马斯认为,接下来发生的事是,这一理性化过程被第二个理性化过程取代,这一过程再次拒绝对社会生活领域进行理性讨论,因为经济和管理体系表现出自己的主见。我们现在往往说:"计算机不同意。"信用或法律的形式化体系拒绝争论的可能。你的信用帐户达到了限额,你的福利申请不符合标准,仅此而已。哈贝马斯对资本主义的马克思主义批判向我们建议:可以保留理性化过程的第一步,亦即对传统的批判和自主辩论的兴起,而避免第二步,亦即正式的经济和管理程序拒绝讨论和协议。他不假思索地批评了这些体系对社会生活中更加非正式领域的"殖民"趋势,因为越来越多的领域被市场化和规范化,比如代孕育儿或器官买卖。婚前契约则可能给即将举行的婚礼蒙上阴影。

如上所述,我们提供了一种路径,将最基本层面的社会行为与更广泛的社会历史发展进程,以及前文提到的进化式学习思想三者联系起来。

5. 社会何以可能

这是一个给出了社会学答案的经典哲学问题。18世纪哲学家伊曼纽尔·康德曾经追问，纯粹的自然科学（例如牛顿力学）何以可能？他的答案是，我们根据时间、空间、因果性等范畴将关于这个世界的经验进行分类。正如我们在第三章看到的那样，涂尔干的知识社会学建基于这些范畴的社会性塑造（社会空间、社会时间、社会权力）。韦伯的朋友格奥尔格·齐美尔更加激进地提出，人类社会本质上建基于我们意识到自己是社会的一部分。尽管人类作为观察者从自己的视角（中型直立动物的视角）对自然世界进行分类，齐美尔却认为"社会统一体不需要观察者"。简而言之，社会建立在我们对社会的看法之上，最重要的是，社会是由和我们自己一样的人组成的。

齐美尔关于这个主题只写了几页，将其作为更大篇幅的社会学新原则概论的"附录"或插曲。他最重要的著作《货币哲学》（*The philosophy of Money*，1900）无疑可称为关于货币的社会学或心理学。齐美尔考察了货币经济的智识、文化和心理的前提条件，最为重要的是，还考察了它的结果。他也以精致的城市研究闻名，这两个主题紧密相关。城市依赖货币，需要从外部进口大部分食物。人们付费乘坐公共交通系统进出和穿梭于城市。城市也是金融中心,马克思曾将银行和保险公司全新的超人权力和奥林匹斯山上古老的诸神权力相比对。况且,城市中的社会关系,相比乡村共同体,更多存在于陌生人之间,常常以货币为媒介。

齐美尔说,所有这一切都意味着货币经济和城市生活受理性的计算的态度支配,时间是其中一部分。天亮的时候,你不再从田野中步行去工作,而是匆忙地赶8点半的列车,以便9点到达办公室。(一些被称为"城市交响曲"的老电影通常围绕城市中一天的时钟时间加以编排。)马克思喜欢莎士比亚,在对货币和资本的批判中经常引用。齐美尔更加矛盾(对资本主义,而不是对莎士比亚)。对齐美尔来说,一方面,城市生活和货币经济鼓励个人主义和某种形式的自由;另一方面,它们造成紧张(这是19世纪末和20世纪初的一个重要主题,也是西格蒙德·弗洛伊德工作的一个源起)。按照齐美尔的看法,这种在城市中由于人群、噪音、忙碌等造成的紧张,伴随着"冷漠"的态度和对他人的回避。(躺在人行道上的那个人是将要入睡还是将要死亡?最好不要停下脚步,不要牵扯进去。)齐美尔不像韦伯那样,在社会科学的"价值中立"上大做文章,但他分享了韦伯的看法,社会学家的职能不是赞扬或批评,而是理解。

齐美尔写了大部头的书,但他也作为很有实力的随笔作家,用一种被称为社会学印象主义的方法不断变化主题。他对文化（包括时尚）的关注，使他在许多方面看上去是经典社会理论家中最现代的一个。如果将他略显过时的写作风格翻译成现代英语，他就可能被误认为21世纪文化研究的教授。他关于社会是人类定义行为的产物的思想，是通常所谓社会建构主义的早期表达，这是社会理论的一个主要思潮，是本章的主题。

当齐美尔追问社会何以可能的时候，他想得很笼统，认为我们是社会一部分的感觉实际上构成了那个社会的内容。同样的想法可以有更具体的形式，比如，本尼迪克特·安德森（Benedict Anderson）具有影响力的作为"想象的共同体"的民族主义概念。在1983年出版的同名著作中，安德森分析说，我们固然不认识大多数公民同胞（即便我们是卢森堡人，更别说是德国人或美国人），但作为意识形态的民族主义和作为现代政治学"默认模式"的民族国家，告诉我们跟他们有相同之处。英国报纸的头条是"三个英国人在大型喷气式客机空难中死亡"，其他国家也会有类似的头条新闻。实际上，"印刷资本主义"——用"民族"语言写成的书籍和报纸——是安德森解释民族意识兴起的一个重要机制。

更广泛地说，齐美尔对其问题的回答，是社会理论中"现实的社会建构"或社会建构主义的起源。20世纪中叶，他的方法也被用于奥地利裔美国人阿尔弗雷德·舒茨（Alfred Schütz）的"现象学"社会学，欧文·戈夫曼（Erving Goffman）关于"日常生活中的自我呈现"(the presentation of self in everyday life)——著作以此为名——的分析，以及另一个北美人哈罗德·加芬克尔（Harold Garfinkel）的"民俗学方法论"(ethnomethodology)。在某种意义上，舒茨是在问，马克斯·韦伯的解释社会学何以可能。韦伯很快转向了四种类型的行为分类，而舒茨则关注日常生活中的前类型化过程。我透过前门的磨砂玻璃看到了一个穿制服的身影，这是邮递员，是抄表员，是警察，还是冒充他们的人？我们拥有一个舒茨所谓的"手头知识库"，亦即"认为理所当然"并借以应付此类情况的知识库。正如舒茨指出的那样："社会科学家使用的结构，可以说是第二级结构，亦即行为者在社会场景中所建结构的结构。"

舒茨用术语同心圆或"诸世界"（worlds）来描述我们关于他人的知识。有我们很熟悉的亲密的朋友与家人的世界，有我们在某个时候遇见过的人的世界（估计这个数字在一生中大约为5000），还有我们有所了解却并不交往的人的世界。因此，他感兴趣的是这个社会世界的显现方式或"被给予"我们的方式。

齐美尔写了很多关于社会生活的美学方面的文字，包括讨论时尚和自我表现的其他形态的文章。我们向他人表现自己的方式也是欧文·戈夫曼工作的焦点。

请注意上文对舒茨的引用中的术语"行为者"(actor)。它可以简单地表示正在做一个动作的某个人，这可能是舒茨在那句话中所要表达的全部意思，但它也可以表示正在演一个角色的某个人。戈夫曼强调日常生活的戏剧性和表演性。房子通常分成接待来访者的"前台"房间和更加私密的区域。我们在面试时的着装可能与平时不同，表现也不同于更加非正式的场合。戈夫曼在后期作品中强调"框架"(framing)这一概念，它在文化和媒体研究中跟在社会学中一样具有很大的影响。面试可以采取对话的形式，甚至可以在吃饭时进行，但它以不同的方式被框架。玩笑通常在各种框架的交接处开，"不能开某个玩笑"的人可能已经拒绝了某种框架的转换。政治也可以被框架，比如起哄让一个演说者显得愚蠢可笑的那种时刻。1989年罗马尼亚革命开始时出现了一个转折点，乘坐大巴前来聆听和欢迎统治者演说的听众由欢呼转变为嘲笑。（由于无法以可接受的方式框架这一幕，电视简单地停止了直播。）

戈夫曼强调扮演社会角色的表演性维度，这为社会建构主义方法指明了一条道路，让我们重新思考社会理论中的一个中心范畴。社会角色的观念由来已久，莎士比亚曾经写道："人的一生扮演多种角色。"功能主义社会学往往非常严肃地对待角色，正如一位英国的黑格尔主义哲学家曾经写道"我的岗位及其职责"

(my station and its duties)〔英国新黑格尔主义哲学家布拉德雷（F. H. Bradley）在其《伦理学研究》（*Ethical Studies*）一书中有同名章节——译者注〕。在功能主义模型中，我们被社会化为社会规定的角色，带着"角色距离"敷衍或反讽地进行角色表演，比如一位首相说："我是一个普通人。"这与其说是例外，不如说是规则。戈夫曼的想法，与更广义的互动论社会学一样，往往更像是戏剧性的即兴表演，至少带有一种由于演员"装腔作势"而造成的角色距离。存在主义哲学家让-保尔·萨特（Jean-Paul Sartre）在《存在与虚无》（*Being and Nothing*, 1943）比较具有可读性的段落中，描述过一个咖啡服务员用夸张的手势**扮演**他的角色，以此嘲弄服务员的角色。

如果戈夫曼的角色扮演方法今天看来比功能主义方法更有说服力，那么这可能是由于当代生活在很多方面更多非正式性（尽管也存在着相反的趋势，比如更加正式化的职责说明和效益指标等）。霍华德·贝克尔（Howard Becker）和他的合著者在《白衣男孩》（*Boys in White*, 1963）中提供了一个很好的例子，说明互动论方法在医学角色中的运用，书名本身就揭开了实习医生所处地位的神秘面纱。性别行为也可以振振有词地作为表演进行分析，正如美国哲学家和文化理论家朱迪斯·巴特勒（Judith Butler）在那本具有很大影响的著作中所做的那样。〔此处应指其成名作《性

别麻烦》(*Gender Trouble*)——译者注]

民族志(ethnography),亦即对社会状况的细致观察和描述,是齐美尔和建构主义传统的共同方法。戈夫曼的工作始于设得兰群岛人种志的实地调查研究。哈罗德·加芬克尔曾经和功能主义的系统理论家塔尔科特·帕森斯(Talcott Parsons)一起研究,他们首先分析了美国陪审员通过"实践推理"来判断被告是否有罪的方式。他将这种方法和民族植物学、民族音乐学等人类学专业相类比,称之为"民俗学方法论"(ethnomethodology)。不同于涂尔干和帕森斯的社会学,根据加芬克尔的方法,秩序的维持不是集体价值观的产物,而是社会行为者的解释工作产生的更加脆弱的成就。他所谓的"违约"试验,通过扰乱或违反我们认为理所当然的问候等惯例,证明了这一点。当人们说"你好吗"的时候,他们并不是想让你详细地描述有关身体和精神的情况,就像你可能会告诉医生的那样。加芬克尔说,你试试看这样做,然后再试着收拾残局。在加芬克尔的另一个试验中,研究人员假扮成顾问,对一系列问题随机地回答是或否,困惑不解的客户想要弄清楚它们的意思。加芬克尔的《民俗学方法论研究》(*Studies in Ethnomethodology*, 1967)有一章讲到一个成年变性人阿格尼丝,她在学习和反思女性行为的规范和习惯,如果她一开始就是女人,大概会更随意地学习。角色表演以及交谈中轮番发言之类有规律的社会实践，包含了一种让行为举止符合期望规则的非正式剧本。例如，你给某人打电话，最后用礼貌的客套话结束对话的人，可能应该是你，而不是接电话的人。

关于对话的详细分析已经成为社会语言学的重要组成部分。虽然戈夫曼和加芬克尔的一些工作有时候看起来过于相对主义乃至轻浮无聊，但还是被皮埃尔·布尔迪厄（Pierre Bourdieu）和安东尼·吉登斯所采纳，并修改为更具结构性的方法。布尔迪厄的关键概念是所谓的习性（habitus），亦即言语方式（包括肢体语言）、消费行为等等，习性被阶级和权力的不平等所塑造，又表达和再生产了阶级和权力的不平等。这一概念在很大程度上得益于戈夫曼的自我呈现模型。布尔迪厄还将资本概念扩展为"文化资本"，它表现为学历证书和更加繁难的能力，比如使用复杂的语言，或者就美酒、无调音乐以及其他与"区分"（distinction）（这是他的一本主要著作的标题）有关的现象侃侃而谈。

吉登斯追随加芬克尔，强调社会行为者的"知识能力"，这意味着，为了成为人类社会的正常成员，你不得不对社会如何运转有相当纯熟的非正式社会学理解。儿童很早就知道，向最有可能屈服于纠缠的亲人和护理者要糖果，而且不接受陌生人的赠与。我们知道，在乡下跟陌生人打招呼是礼貌的，但在城镇这样做却是奇怪的。在北爱尔兰那样两极分化的社会中，人们常常声称能够根据口音、外貌和其他线索——比如乘过的公交路线——"辨别"街上的陌生人是天主教徒还是新教徒。同样，齐美尔强调的风格（style）和舒茨的类型化（typification）可能在社会生活秩序的非正式维持中起到一些作用。

齐美尔如此精辟地描述了日常行为及其解释和更大的结构性过程之间的关联，这也是伟大的历史社会学家诺贝特·埃利亚斯（Norbert Elias）工作的中心。埃利亚斯的主要著作《文明的进程》（*On the Process of Civilisation*，1939）从分析早期现代欧洲的礼仪进展到研究现代国家的形成。对私人空间的尊重，表现在餐桌礼仪或者在别人面前不放屁、不吐痰、不小便的禁令之中，这类似于各个国家在国家层面建立秩序的方式，比如通过消灭私人军队垄断暴力手段、监控边境等等。马克斯·韦伯曾经描述过这些进程，他的视角是法理型统治或官僚统治的形成以及理性化这一总体构想，而埃利亚斯则对这些思想做了进一步的重要转化。

20世纪下半叶另一位重要的理论家米歇尔·福柯（Michel Foucault）也跨越了社会分析的不同维度。福柯的第一本著作讨论18世纪"理性时代"的"疯狂"。他质问，为什么人们开始将疯狂视为一个医学问题，特别是开始把"疯狂"的人关进精神病院？他天才地提出，随着欧洲麻风病的消除，重新利用与世隔绝的麻风病医院的时机成熟了。福柯就这样开始了他的一个主要研究领域，即监狱、医院以及更一般意义上的对身体的统治，这与他的另一个主要工作相互关联，即观念史和学术学科的历史。跟疯狂一样，同性恋在19世纪被重新定义为一种持久的身份，而不是一种行为的描述。"同性恋者"被模式化、医学化，并且常常被治疗。

福柯的另一个关键主题是医学观察或"凝视"（gaze）：为了诊断而对患者进行检查。这可能包括住院治疗，医院就像监狱，被收容者服从监控者，"处于监视之下"。福柯重视功利主义哲学家杰里米·边沁（Jeremy Bentham）1791年为一所监狱设计的"圆形监狱"，囚犯在小牢房中受到来自一个中心控制点的监视。一旦永久监视成为可能，监视点甚至不需要有人值守。囚犯们会检查自己的行为，以防被监视到。[2006年拍摄的一部重要影片《他人的生活》（*The Lives of Others*）（又译为《窃听风暴》——译者注）描述了民主德国监控系统的影响。]

福柯指出，社会和政治理论过多地关注正式政治和主权问题，而不够关注更加基础的人口治理和规训过程。他有一本讨论惩罚和监控的书《规训与惩罚》（*Discipline and Punish*，1975），对比了一个试图刺杀路易十五的人被示范性地公共处决和现代监狱中常规、持久、有序的惩罚制度。福柯的思想在社会政策中非常有影响，在意大利和其他地方，精神病人的"解禁"（decarceration）已经成为一种惯例。他对监控的强调被认为与现代"审查社会"特别相关，在这种社会中，任何事物都必须被监查，无论多么没有意义。

安东尼·吉登斯追随福柯，认为监控是伴随工业主义、资本主义和军事权力一起出现的一个"现代性的制度维度"。工业主义和资本主义是由来已久的社会学分析范畴，但对军国主义和战争的社会学研究却比较少，它们往往被归属于国际关系的相关学科。尽管监控（以及自我监控）的观念来自马克斯·韦伯新教伦理论文关于自我控制的分析，以及诺贝特·埃利亚斯的"情感控制"（affect control）概念，但却正是福柯用圆形监狱形象使它广为人知。

从20世纪70年代中期到1984年去世，福柯在后期著作中从强调权力和支配——这让人想起韦伯和阿多诺——转向关注日常生活的性领域和其他领域中的"自我塑造"。特别是，他回到古希腊思想，在他看来，源自中东的犹太教、基督教和伊斯兰教[1]是相当缺乏

---

[1] 福柯对伊斯兰教缺乏幽默感的描述有刻板印象和偏见的成分。伊斯兰教著名的神学家霍加·纳斯尔丁（我国家喻户晓的阿凡提的原型）就以机智幽默闻名，其笑话和故事一直在民间流传，幽默地讽刺了统治者的荒唐残暴，歌颂了劳动人民的勤劳智慧。——编者

幽默感的道德化宗教，跟这些宗教相比，希腊思想代表了更加健康的生活态度。归根结底，现代的性道德起源于基督教对所谓"世界、肉体和魔鬼"的关注。

福柯著作的这一方面，以及关于身体和自我的伦理观念，和他早期对规训权力的关注一样，已经在女权主义理论中以重要的方式被采纳。20世纪末"第二波女权主义运动"的一个主要口号就是"个人的就是政治的"，在某种意义上，福柯论证了政治是包括个人（以及身体）在内的很多事物。很多性别政治学涉及夫妻和家庭、性、男性对女性的暴力，这表明，尽管福柯没有特别关注性别，但其著作的相关影响是不可否认的，可能比布尔迪厄的影响还要大。布尔迪厄在1998年出版了《男性统治》（*Masculine Domination*）一书，直接论述了男性统治这一主题。

对于福柯来说，回到古希腊和自我认识概念也是获得现代性意识的基本结构的一种方式，这种基本结构塑造了他早期关于疯狂的著作，也塑造了《事物的秩序》（*The Order of Things*，1966）中的观念史。这两个研究领域的中心主题都是人类主体知识的真理还原。1637年，笛卡尔将知识建立在自身实存作为思维存在的确定性之上（"我思，故我在。"），这就是"笛卡尔时刻"（Cartesian moment）。直到很久以后，随着19世纪哲学的发展，我们才在马克思主义和精神分析学中，发现关于知识主体和知识条件的理解实现了更加社会化的回归。福柯自己的著作当然是这方面的又一个例子。在某种意义上他提供了社会理论或人文科学的两种历史：一种更加理论化，关注"人"的概念和思想的结构，他称这种结构为"知识"（épistèmes），类似于库恩的范式；另一种则更加唯物主义，关注知识的各种形式如何影响和反映社会秩序和社会规训。

在这一点上，福柯和布尔迪厄存在重要的一致性，尽管在已经出版的著作中，他们似乎谁都没有确认这一点。布尔迪厄从早期关于社会学"技艺"的著作〔这里指《社会学的技艺》（*The Craft of Sociology*）一书——译者注〕到去世后 2004 年出版的"自我分析"（参看中译本《自我分析纲要》——译者注）（尽管他早在 1984 年就已经使用"自我分析"这一术语），不断地强调自反性，亦即社会学和其他社会科学的所有工作都要先反思一下研究者自己的社会立场和可能影响研究的方法，这也可以说是社会学家实践一种跟自己有关的"知识社会学"。布尔迪厄关于阶级和教育的工作处理了知识、阶级地位和权力（或者他往往称之为象征性暴力）之间的关系问题，这很容易让人想起福柯的工作。分类系统"对分类者进行分类"，就像两人都参加过的教师资格考试（布尔迪厄只比福柯晚几年）产生等级次序。尽管布尔迪厄和福柯在法国的智识生活中获得了特权地位，但他们却都受到社会歧视的困扰：对布尔迪厄而言是阶级偏见（他来自法国西南部偏远地区，出身卑微），对福柯而言是同性恋歧视。他们两人的著作都有重要的自传因素：福柯经常表示他的书可以当成"自传片段"来读，布尔迪厄则在"自我的社会分析"中更直接地处理了这一主题。

彼得·伯格（Peter Berger）和托马斯·卢克曼（Thomas Luckmann）的经典著作《现实的社会建构》（*The Social Construction of Reality*，1966）跟齐美尔有一个最直接的联系。他们指出，"日常知识"不仅反映社会现实，而且创造社会现实。想想两个人"在一起"，他们将很快就开始自称为"我们"，形成共同的习惯，补充或取代原有的习惯。即使在短暂的假期，或住进新房的头几天，人们也会学习"如何做事"，这种知识会变得不言自明或"理所当然"。社会建构的观念在后现代主义理论中具有突出的地位。美国哲学家约翰·塞尔（John Searle）《社会实在的构造》（*The Construction of Social Reality*，1995）对货币的分析也同样引人注目。钞票只是一张纸，最新形式的钞票也只是一张塑料信用卡，是社会定义赋予它价值。

更极端的后现代理论不再时兴，比如让·鲍德里亚（Jean Baudrillard）在1982年提出了"社会的终结"的宣言，他反对区分真实和"拟象"，宣称（第一次）海湾战争没有发生过（实际上，他是在玩世不恭地提到一部有关特洛伊战争的戏剧的标题，同时也想要提出一种方式将海湾战争变成一场盛大的表演）。留给人的是一种支离破碎的感觉,或者用波兰裔英国社会学家齐格蒙特·鲍曼(Zygmunt Bauman)的喻象来说,当代现实许多方面具有"流动性"。早先跟布尔迪厄合作的鲁克·波尔坦斯基(Luc Boltanski)之类的理论家,强调社会现实的"脆弱性",亦即"制度没有根基"。波尔坦斯基重视"对于争论时强调的事实及其有效性的持续不安"。这不同于许多20世纪的思想,这些思想关注阶级和权力的大型结构的压倒性力量。

我们依然生活在张力之中:有时候世界似乎不可能改变,有时候又面临可供选择的前景,它们展示完全不同的可能性,或者令人激动,或者(更经常是)具有威胁。在这个意义上,后现代主义的幽灵可能仍然会困扰我们。我们对真实事物的想法无疑已经改变。一家几乎没有任何工作人员和实体网站的网络公司和一家曾经雇佣数千工人并向全世界提供重要配件的废弃工厂,哪家企业的价值更真实呢?一本书可能卖到100美元或更多,也可能被免费盗印或下载。同一航线的飞机旅行可能只需花缴税的钱,也可能花上几百美元。

由齐美尔和韦伯倡导的解释性社会理论对作为整体的社会理论提出了诸多重大问题。我将在本书的最后一章更详细地处理这些问题,但应该已经清楚的是,对于所有关于社会的理论化工作来说,解释性理论都不只是一个变量,而是一个必要的组成部分。我将论证，虽然社会不"全是思想的东西"，但是它除了存在于我们的空间关系和其他社会关系中之外，也部分地存在于我们的思想中。即便对内在精神过程不感兴趣的涂尔干，也不可避免地不断提及关于身处一个特殊类型的社会处境"是怎么回事"的非正式知识。这种来自社会生活内部的默认的知识是一种至关重要的资源，而不是一种障碍。正如德国社会学家沃尔夫·勒佩尼斯（Wolf Lepenies）1985年的一本书的副标题（*Between Literature and Science*，英文版中用作标题）所言，社会理论不可避免地处于文学和科学之间。

社会理论的"齐美尔学派"几乎不可想象，但现象学社会学、互动论和民俗学方法论被认为是确定无疑的方法，可以在这种有限的意义上看作范式，并且，社会建构观念虽然现在经常和后现代主义联系在一起，但实际上在齐美尔的"附录"以及后来伯格和卢克曼的经典著作中有相当明确的起点，也可以合理地被看作范式创新。

6. 潜意识的发现

西格蒙德·弗洛伊德著作的主要内容并不涉及我们通常称之为社会理论的东西,他可能是本书讨论的第一个这样的人物。不过,更为重要的是,他对精神的分析在根本上塑造了我们对人性的理解,进而塑造了我们对文化和社会的理解。这一章将概述弗洛伊德在该领域中的工作,并追溯其持续至今的影响。

"潜意识"这一术语和无法觉知的心理过程这一观念,从19世纪初开始就不断被人提起,但直到那个世纪末弗洛伊德才发展了"谈话疗法"(talking cure),这是他的指导者兼合作者约瑟夫·布洛伊尔(Joseph Breuer)的一位患者的说法。这位患者叫贝莎·帕朋罕(Bertha Pappenheim),布洛伊尔和弗洛伊德在1895年记录治疗过程的时候给她起了个假名叫安娜(Anna O.)。她当时正患头痛、幻视、麻痹发作、母语失语以及其他我们现在说的身心失调(psychosomatic)。在催眠状态下,布洛伊尔鼓励她重新面对生活中的痛苦经历,她对这些经历的描述似乎缓解了症状。比如,她将饮水能力的丧失追溯到看见一条狗从玻璃杯中喝水而感到恶心,而想起这一经历使她能够重新饮水。是不是因为她被布洛伊尔吸引并想引起他的注意才说出这些事情?弗洛伊德认为确实如此,这种病人和分析师之间的互动关系成为他对自身实践的一种重要理解。（精神分析的性别政治当然是可疑的，正如后文讨论的女权主义批评家所指出的那样。）

无论这个早期病例的真实性如何，精神分析作为一种治疗和一种理论都由此发端。弗洛伊德在1900年出版了一部关于梦的重要著作，他后来称之为发现精神潜意识活动的"皇家路线"。他在更早的时候写信给他的合作者威尔海姆·弗利斯（Wilhelm Fliess）说：

> 你能否想象，某一天一块大理石碑将被安放在这所房子上，上面刻着这些话：1895年7月24日，西格蒙德·弗洛伊德博士在这所房子里发现了梦的秘密。

弗洛伊德当然认为自己是一个发现者，他在给弗利斯的更早的一封信中表示，与其说他是一个科学家，不如说他"从气质上来说只是一个**征服者**"。弗洛伊德的梦的理论主要讨论愿望的满足：我们能够在睡梦中做那些清醒时连想都不让自己去想的事情。在这些潜意识的愿望中，最著名的据说是幼年男性杀父娶母的愿望，弗洛伊德称之为"俄狄浦斯情结"。

在弗洛伊德的梦的分析中，很多例子还涉及不同语言的复杂的双关语，他认为"口误"（或笔误）是潜意识中被压抑的愿望的另一种表达方式。总经理对即将出价竞标的受害者这样高喊："很高兴吃掉你。"或者，弗洛伊德在《日常生活的精神病理学》(*Psychopathology of Everyday Life*, 1901)中自己提供了一个例子，一个专横的女人这样说起医生叫她丈夫无须遵守任何饮食限制："他能吃掉我想要的任何东西。"

说了所有这些，我们要表明什么？一种放松疗法的实践（可能有效也可能无效）跟社会理论有什么关系？我们可以首先追问神经衰弱症和精神病理学在社会生活中扮演什么角色。许多政治领导人是深度的精神紊乱者，至少撒切尔夫人的一个部长由于认为她神经错乱而辞职。过去十年左右的研究探索了精神病患者在现代商业中的地位。其中一个关键的文本是《穿着西装的蛇》(*Snakes in Suits*, 2006)，两位作者保罗·巴比亚克（Paul Babiak）和罗伯特·黑尔（Robert Hare）说，他们不太关心那些公然咄咄逼人的管理者，而关心"那些乐于利用'致命魅力'欺骗和操纵他人的管理者"。

但这只是冰山一角而已。以权威概念为例，我们已经在马克思、韦伯和涂尔干的著作中考察过这一概念，但弗洛伊德相信，我们在婴儿时期就了解了权威，我们的童年经历和潜意识冲动可能塑造了成年后的行为。"对权威的健康尊重"什么时候变成了因循盲从，或对父亲形象的渴望呢？当我是专断者的时候，当你是专横者的时候，当他/她是独裁者的时候。

弗洛伊德和物理学家阿尔伯特·爱因斯坦（Albert Einstein）20世纪30年代早期的通信，已经以"为什么战争"（Why War?）为题出版。弗洛伊德在其中反复提到他在1930年的一本英文名为《文明及其不满》（*Civilization and Its Discontents*）的小册子中给出的分析。人类的文化部分地建立在有意识的压抑之上，部分地建立在无意识的驱动之上。这一过程是必需的：指涉超我或意识的自我不得不控制源自本我的冲动。弗洛伊德的口号是："哪里有本我，哪里就有自我。"不过，压抑也有精神上的代价。例如，天主教神父被禁止以社会可接受的形式跟其他人发生性关系，但在骚扰教区信徒方面广为人知。和潜意识一样，压抑并不是一个新话题，威廉·布莱克（William Blake）说："有欲望而无行动者滋生瘟疫。"但是，弗洛伊德更加严谨、更加正式地处理了这一主题。

弗洛伊德的《群众心理学和自我分析》（*Mass Psychology and Ego Analysis*）〔经常被误译为"群体心理学"（group psychology）〕写于1921年，处理了个体形态和社会形态之间关系的经典主题，并区分了"原始的"群众和"人为的"群众，前者例如部落和人群，后者例如具有正式结构的军队和教派。他还在《摩西与一神教》（*Moses and Monotheism*，1939）和两本更早的书《图腾与禁忌》（*Totem and Taboo*，1912—1913）以及《一个幻觉的未来》（*The Future of an*

Illusion，1927）——该书标题传达了基本内容——中讨论了宗教。

类似于齐美尔，我们发现弗洛伊德的论述也来自现代性经验，它所有新奇和零碎的印象都集中在梦和笑话之中，它们通常涉及相互矛盾的准则。如同在梦中一样，我们醒时的生活也汇集了过去和现在，我们可能在成年人的职业生活和私人生活中"表演"和重复童年的经验或行为，或者重复儿时形成的习惯。弗洛伊德的思想也可以跟马克思相联系，马克思对资本主义"商品拜物教"的论述也利用了当代人类学的成果。两人都可以在现代批判现实主义哲学的意义上被视为现实主义者，他们透过工资合同或资产阶级道德的表面现象，或者看到了剥削的更深层结构（对于马克思而言），或者看到了幻想与潜在的冲动及其压制（对于弗洛伊德而言）。

弗洛伊德跟韦伯和涂尔干也存在着相似性。韦伯在《新教伦理和资本主义精神》中描述的强迫性工作和自我克制同样为弗洛伊德所关注（两人思考的都是我们现在所谓的工作狂）。韦伯的权威模型，特别是魅力型权威（又译为克里斯玛型权威——译者注），也跟弗洛伊德的想法相似：魅力型统治者经常唤起追随者的潜意识。最后，弗洛伊德对规则的强调让人想起涂尔干对现代社会中所谓失范的焦虑。

20世纪许多人试图结合马克思和弗洛伊德，其中最著名的是威尔海姆·赖希（Wilhelm Reich）。他先是在维也纳的弗洛伊德诊所工作，之后去了柏林，之后又去了奥斯陆，最后移居美国，并于1957年在那里去世。他关于性格的研究影响了弗洛伊德的女儿——精神分析医师安娜·弗洛伊德，而他关于肌肉盔甲的观念很久以后被克洛斯·特韦莱特（Klaus Theweleit）在《男性幻想》（*Male Fantasies*，1977）中采纳，这本书分析了预示纳粹主义的德国准军事部队**自由军团**。赖希自己的分析是《法西斯主义群众心理学》（*The Mass Psychology of Fascism*，1933）。他对性自由的热心支持是具有争议的，他推广拳击以积累所谓的倭格昂能[1]（orgone energy），这些尽管很受一些名人的欢迎，包括诺曼·梅勒（Norman Mailer）和肖恩·康纳利（Sean Connery），但却导致他被判入狱，并在狱中去世。南斯拉夫导演杜尚·马卡维耶夫（Dušan Makavejev）1971年制作了一部关于他的电影《有机体的神秘》（*W. R.：Mysteries of the Organism*）。

不那么引人注目的是，同属于法兰克福社会研究所的埃里希·弗洛姆（Erich Fromm）和赫伯特·马尔库塞（Herbert Marcuse）也将社会主义和精神分析结

---

[1] 也称机体亢奋能，是一种遍布自然界并可积累为人体所用的生命能，是心理能量力比多的躯体基础。赖希致力于将精神分析与共产主义结合，宣称来自生命自身的机体亢奋能是拯救人类病症的关键，并发明了看似荒诞的机体亢奋能储存器。——编者

合起来。马尔库塞在《爱欲与文明》(*Eros and Civilization*, 1955)中认为,除了文明所必需的本能压抑外,资本主义社会中还存在一种"额外压抑"[1](surplus repression),限制了人们解放的可能性。他在1964年非常有影响的一本书《单向度的人》(*One-Dimensional Man*)中进一步发展了这个观点。西奥多·阿多诺是这个研究所最重要的思想家,他将弗洛伊德理论更正统的方法和马克思主义结合起来,并运用于社会分析和文化分析,包括下一章将要讨论的他对威权主义的分析。在阿多诺的著作中,和其他人一样,弗洛伊德被用来解释个人对资本主义的适应,以及更基本的个人和社会关系的整体问题。

尤尔根·哈贝马斯(Jürgen Habermas)通常被认为是法兰克福学派批判理论第二代主要代表,他20世纪60年代中期的著作也表明马克思主义和精神分析学在方法论上的相似。马克思主义对经济理论的批判不仅是为了显示它的错误,而且是为了揭示它之所以被人接受并显得貌似合理的原因,就像精神分析学能够帮助我们理解非理性的恐惧(例如,英国人害怕不会伤人的本地蜘蛛),以及可能困扰自己或其他人的行

---

[1] 即"产生于特定统治机构的附加控制"。随着私有制的出现和阶级身份的分化,管理者异化成统治者,公共管理机构异化成统治机构,"额外压抑"即是统治者为满足自身利益而强加的压抑,并把它修饰成必要的压抑而将其合理化。——编者

为。马克思主义和精神分析学都超越了意识形态或问题行为的**解释**，以便找出造成理解障碍的原因。有的人想要理解像纳粹主义这样的意识形态，也会想问**为什么**人们如此非理性地看待这个世界，这就像我的言行举止如果表现怪异，你就可能在某一时刻停止和我争论，建议我去寻求专业人士的帮助。

同样在20世纪60年代，法国马克思主义哲学家路易·阿尔都塞（Louis Althusser）也使用"多元决定"（overdetermination）这一精神分析概念，这一概念认为，梦既由最近的记忆和过去的创伤产生，也由潜意识的冲动产生。阿尔都塞用这一概念重塑马克思关于生产力"基础"与法律-政治"上层建筑"关系的论述。他认为，经济水平"仅仅在最终的意义上"是首要的或决定性的，在社会快速变化的情况下，比如1917年俄国革命，政治水平可能起决定性作用。因此，正如列宁和布尔什维克人所论证的那样，他们无须等待资本主义在俄国进一步发展，就可以发动共产主义革命。阿尔都塞在分析意识形态时，也使用了由同时代的雅克·拉康（Jacques Lacan）发展的精神分析理论。他认为，不应该像马克思的暗箱倒影模型那样，把意识形态看作对现实的错误或歪曲的反映，而应该把它看作跟现实的一种活的关联，这是一种想象中的关联——不是在非存在或编造的意义上，而是包含了想象的意义上。阿尔都塞和涂尔干一样强调，在系统化社会理论的发展中需要打破跟世界的这种常识性关联。尽管他们的政治取向非常不同（涂尔干是自由主义者，而阿尔都塞是马克思主义者），但他们却都怀疑常识，而其他像韦伯和齐美尔那样的理论家则认为，社会科学是建立在常识性理解之上的。

如果社会理论声称具有科学地位，那么前一种立场无疑增加了它的风险。马克思和弗洛伊德都自认为是科学家，但他们两人的理论既有狂热乃至教条的追随者，也有对其中之一或同时对两者都极端怀疑的人，他们之间存在着激烈的争论。以精神分析理论为例，拉康和阿尔都塞一样，受结构主义语言学深刻影响，他认为潜意识具有"语言一样的结构性"。比较可疑的是，塞巴斯蒂亚诺·廷帕纳罗（Sebastiano Timpanaro）指出，"口误"可以仅仅简单地解释为纯粹的语言过程，不用牵扯潜意识。他根据校勘学专业知识，论证大多数抄写错误是简单的"注意力分散造成的失误"。这是廷帕纳罗对弗洛伊德的论证方式和一般方法的更广泛批评的一部分。还有其他方面的批评，比如弗洛伊德理论的"不可检测性"以及"谈话疗法"疗效的可靠性。如果真有疗效的话，更可能是由于谈话这一事实，而不是这一理论或任何解释所提供的理由。

医疗中的患者跟医生交谈后，往往感到更加好些，即便医生没有给他们治疗或只说了些宽心话。英籍捷克人类学家和哲学家欧内斯特·盖尔纳

（Ernest Gellner）全然质疑精神分析理论，但承认移情（Transference）——患者对分析师的依恋——是一个重要的机制，并认为精神分析强调"本能驱动的重要性，以及它们在意识中出现的语义形式的复杂性和曲折性"是正确的。在此，我们又可以看到这种情况，我们可能不想完整地采纳一种社会理论，但却承认它在当代文化中扮演的角色，并且借鉴它对世界的部分观点，用以发展自己的认识。如果我写了一部关于资本主义的书而不提及马克思，或者一部关于精神病理学的书而不提及弗洛伊德，你就会问为什么。

正如我们上一章中看到的那样，福柯通过疯狂这一主题开始他的写作事业，因此一个显而易见的问题便是，他如何思考精神分析理论。这个问题并不容易回答。他说他对自己的分析完全厌烦了，但对精神分析理论和实践中对语言的强调表示同情。在实践上，他欢迎精神分析取代以精神病院为基础的精神病治疗，并在患者和分析师之间引进一种新的关系。但是，精神分析作为神经官能症的反面，避免治疗任何被诊断为精神病的东西，并没有解决精神病学领域的大部分问题，最终不能从根本上挑战这种医学模式。

拉康对弗洛伊德理论的发展是另一位当代哲学家和社会理论家斯拉沃热·齐泽克（Slavoj Žižek）的重要资源。齐泽克在20世纪中叶试图结合弗洛伊德和马克思，他想要表明，我们如何认同甚至喜爱压迫我们的资本家和父权制结构。这一方法补充了福柯对社会关系中微观权力的强调,福柯认为,我们受规训权力结构的影响,常常比正式的政治权力更重要。

我之前提到过精神分析理论中成问题的性别政治,它由于男权主义假设和对少数派性实践的质疑而往往被视为"性变态"。就像马克思主义的情形那样,一些女权主义批评家认为这个理论可以调整成可接受的形式,而另一些人则认为它存在致命缺陷而予以拒绝。应该说,早期有好几个分析师和精神分析理论家是女性,即便将弗洛伊德的女儿安娜看作特例。我们现在所说的同性恋恐惧症这种偏见认为,同性恋男性或女性不适合从事精神分析职业,这在带有清教徒态度残余的英国和北美,比在维也纳、柏林或巴黎之类的时尚城市,问题更为严重。

近来,很多女性成为精神分析的主要理论家和辩护者:比如英国的朱丽叶·米契尔(Juliet Mitchell)和杰奎琳·罗丝(Jacqueline Rose)、法国的朱丽娅·克里斯蒂娃(Julia Kristeva)。米契尔认为,弗洛伊德根本没有摆脱当时占统治地位的父权文化。她追随20世纪早期的女权主义者,认为弗洛伊德对女性气质的批判具有为女权主义辩护的强大潜能。换句话说,女性气质可以在更宽泛的意义上被理解为一种意识形态和行为方式,尽管主要跟女性有关,但也会影响男性,不分性别地限制人的潜能。

无论你将精神分析看作一种理论还是实践，它都对文化研究产生了重要影响，启发了很多文学文本的解读方式，最引人注目的是电影分析。梦和电影之间存在着明显的相似之处，同样有时间的错置和对置，看一场电影也好似做一场梦。窥视和欲望显然是相关的主题，正如一种更具推测性的观点所表明的那样，电影以一种戏剧或其他艺术形式可能不具有的方式通达潜意识。有些精神分析理论家特别关注电影，著名的有汉斯·萨克斯（Hanns Sachs），以及后来的吉尔·德勒兹（Gilles Deleuze）和斯拉沃热·齐泽克。

德勒兹、克里斯蒂娃和齐泽克可以被认为一起标志了精神分析学和其他社会理论之间互动的第二次浪潮。第一次浪潮的主流是结合马克思主义，表现在赖希、弗洛姆、马尔库塞和阿多诺的著作中（并且在某种程度上由哈贝马斯加以延续）。而在第二次浪潮中，马克思主义却只对齐泽克而言是重要的，尽管德勒兹的主要著作之一，跟精神分析学家菲利克斯·加塔利（Félix Guattari）合著的两卷本著作，被命名为《资本主义与精神分裂》（*Capitalism and Schizophrenia*），并且他在去世前正计划写一本关于"马克思的重要性"的书。在社会理论和心理理论之间还有一个重要的交叉领域有待发展。社会心理学错失了很多机会，因为它往往遵循一种过于狭隘的科学模型，尤其在英语国家更是如此。

和马克思主义一样,"正统"一词长期困扰着弗洛伊德学派的理论。弗洛伊德一直知道,他是在一个充满敌意的环境中生产具有争议的观念和技术,并对那些有可能削弱精神分析运动的不同方法持怀疑态度。那些挣脱出来的人很容易在俄狄浦斯反抗父亲的理论中找到托辞。弗洛伊德学派的理论家和实践者可能依然鄙视更加多样化的精神治疗方式。不过在我们看来,正是精神分析理论激发的多种方法,使这一理论成为当代文化中如此丰富的一股潮流。

7. 社会理论和政治学

通过前几章可以清楚地看出，社会理论和政治学之间的互动关系特别密切。从最普遍的角度来看，社会（society or the social）概念可以被视为解决某些政治问题的一种方式，无论从理论上来看，还是从源于自由民主主义的社会民主主义方案及其运动的发展来看，政治学本身都不足以解决这些问题。总之，马克思主义、女权主义、后殖民理论和种族批判理论之类明确的政治方法，与韦伯、涂尔干或齐美尔更加价值中立的愿望形成了对比。

社会理论家们也提供了重要的政治学分析，本章讨论其中的三位：维尔纳·桑巴特（Werner Sombart）、罗伯特·米歇尔斯（Robert Michels）、诺贝特·埃利亚斯。首先，维尔纳·桑巴特在《美国为什么没有社会主义？》（*Why is There No Socialism in the United States?*，1906）中为自己提出的问题给出了许多可能的答案。比如，工人的经济状况普遍优于欧洲。（"在烤牛肉和苹果派的礁石上，"他写道，"各种社会主义乌托邦都触礁沉没。"）再如，没有贵族阶层（尽管南方种植园主由于奴隶制而扮演了某种贵族角色），加上托克维尔80年前就已观察到的更平等的态度，意味着阶级之间更少距离感和对抗性。最后，如果这还不足以让美国人跟美国发达地区的资本主义和解,那么他们还可以向西迁移,创建独立的生活。

桑巴特的分析和弗里德里克·杰克逊·特纳(Frederick Jackson Turner)1983年提出的边疆假说(Frontier Thesis)一样,依然是讨论美国"例外论"的一个参照点。最近的研究往往强调政治传统的多样性,认为将均质化的欧洲和同样被模式化的美国进行比较是危险的。社会结构和社会文化影响政治的方式多种多样,孟德斯鸠强调的历史和传统的作用非常重要,例如,在法国,成为君主制的拥护者就意味着成为古怪的政治少数派的一员,而在英国,共和主义才是具有争议的少数派观点。

桑巴特的同时代人罗伯特·米歇尔斯追随马克斯·韦伯,在其著作《政党》(*Political Parties*,1911)(中译本名为《寡头统治铁律》——译者注)中追问,党派组织——尤其是像德国社会民主党(SPD)那样的社会民主党——在结构上为什么越来越寡头化。米歇尔斯认为,在民主政治中,党派不得不为竞选而组织起来,而"所谓组织,就是寡头"。"草根"激进分子让党派机器顺利运行遭遇尴尬,作为活跃分子乃至普通党员,他们发表与党派政策不一致的言论,受到党派管理者的关注。

米歇尔斯后来将他的研究称为"党派的活体解剖,某种活物的痛苦解剖"。韦伯和米歇尔斯(不同于韦伯，他是活跃的社会主义者，因而不能在德意志帝国获得教授职位）两人都鄙视社会民主党的道路，它放弃了早期的激进主义，把注意力集中于保存和发展自己的实质性组织结构。但令米歇尔斯失望的原因（民主希望一再破灭的"残酷游戏"），却正是韦伯所预料的东西。

米歇尔斯的分析使他跻身于19世纪末和20世纪初"精英理论家"之列，著名的还有维尔弗雷多·帕累托（Vilfredo Pareto）和加塔诺·莫斯卡（Gaetano Mosca）。马克思主义者关注历史发展过程中的阶级冲突，精英理论家则强调精英和大众之间的永久对立。尽管反精英的人们周期性地取代现有的精英（"精英循环"），但并不改变这一基本结构。虽然"精英"一词意味着保守的观点，即精英在某些方面更好，但是精英理论更为中性地使用这个词，经常批评老派精英和"财阀政治"（plutocracy），赞同提供更新可能性的流转。帕累托说，历史是"贵族的坟墓"。他将现状的捍卫者比作狮子，而将狡猾的挑战者比作狐狸。

激进的美国社会学家赖特·米尔斯（C. Wright Mills）在《权力精英》（*The Power Elite*，1956）中分析了政治、经济和军事精英的相互影响。

> 在当今的美国，存在着……中下层的人们所知甚少的财富和权力的层级和范围……存在着完

全不受经济波动和震荡影响的家庭，只有大多数社会下层的人们才感受到这种影响。也存在着圈子很小的有权力的人，他们做出对下层人们影响巨大的决定。

共和党总统和前将军艾森豪威尔便是这些"人"中的一员，他本人1961年卸任时对"军工复合体"的"不正当影响"提出了警告。英国社会学家拉尔夫·密里本德（Ralph Miliband）在《资本主义社会的国家》（*The State in Capitalist Society*，1969）中将精英理论和马克思主义结合在一起，为此受到更正统的希腊裔法国马克思主义者尼科斯·普兰查斯（Nicos Poulantzas）批评。根本的争议问题是，精英的阶级构成是否重要，或者说他们是否不论出身而行动一致——用那句有力的法国口号来说，"Homme élu, homme foutu"（一旦你被选中，你就身不由己了）。密里本德也曾论述过社会民主主义政治，为此提供了一些证据，更为戏剧性的是，20世纪的国家社会主义政权也提供了一些证据。精英在斯大林的苏联固然是"循环流动"的，他们越来越多地来自工人阶级，但党政要员上层过着一种非常不同于普通苏联公民的生活，有专门的商店、医院等等。

与精英理论相伴，并与之相关的"大众社会"理论，在20世纪早期也有影响。托克维尔已经对他所看到的北美社会的均质性和一致性表示忧虑。"人们的条件越平等，个人就越弱小，就越容易屈服于群众的潮流，就越难坚持群众抛弃的观点。"涂尔干也关心现代社会的失范（anomie）。在20世纪，匿名的、无组织的（并且通常是城市的）群众也被以两种矛盾的方式看待：不仅是惰性和被动的，而且也容易受控于煽情的精英，变成危险的暴民。

20世纪20年代和30年代的法西斯主义似乎印证了这一判断，法西斯主义者颂扬对群众的魅力型领导（纳粹领袖原则），认为群众是被动的、女性的等等。法西斯主义在某些方面可以被看作对精英理论和大众社会理论的实践，外加对尼采的超人和德国民族主义者的统治民族（Herrenvolk）概念的无可救药的误解。纳粹除了上演灭绝计划这一纯粹悲剧之外，还上演了名为"生命之源"的育种计划这一悲喜剧。

桑巴特和米歇尔斯两人都从政治上的激进左派转向了接近纳粹主义的立场。桑巴特最初对社会主义运动表示同情的著作初版于1896年，到1924年第十版时他已经成为坚定的反社会主义者，该书终版于1934年，起名为《德国社会主义》（*Deutscher Sozialismus*），支持纳粹主义。不同于另外两位著名的纳粹支持者哲学家马丁·海德格尔（Martin Heidegger）和法律与政治理论家卡尔·施米特（Carl Schmitt），桑巴特至今尚未被后来的社会理论所接受，但他的经济分析和他对资本主义起源的解释值得跟韦伯相比较,而且他关于战争和国家的著作预示了20世纪末社会理论对战争状态的迟来的关注。

米歇尔斯走向纳粹主义似乎更是由于他觉得社会主义——包括以工会为核心的革命工团主义——软弱无力。墨索里尼本人原来是社会主义者,他早期的宣传把自己描绘成激进的、有魅力的人物,能够摆脱官僚作风,提供政治方向。马克斯·韦伯早先就是基于这些理由,呼吁战后的德国制定一部直选总统的宪法,他的分析也影响了米歇尔斯。和桑巴特一样,米歇尔斯最终对法西斯主义不再抱任何幻想。

其他社会理论家,包括马克思主义者和法兰克福学派的批判理论家,试图解释法西斯主义和纳粹主义的起源。早期经典理论家提供的资源之一,是马克思的波拿巴主义,其主题为权威型领袖,例如拿破仑一世以及马克思的同时代人拿破仑三世,他们管理一个相对没有阶级结构的社会。马克思特别指出,法国农民分散在全国各地,不能作为一个阶级来行动,而他希望更多的城市工业无产阶级最终能够这样做。他将所谓的"波拿巴主义"描述为"个人的专制",在那里,"所有阶级都同样没有力量"。在法西斯主义之下也一样,阶级行动被禁止,工会被雇主和工人共同参与的法人组织取代,政权宣传国家的意识形态,或者用纳粹主义的话说,是"民族共同体"(Volksgemeinschaft)的意识形态。

另一种方法利用了韦伯更具描述性的魅力型领导的概念，它既不同于传统的统治形式，也不同于规范的或法律-理性的统治形式。韦伯的"超凡魅力的常规化"思想，亦即从最初的统治形式转入更规范的或传统的渠道，能有效地解释延续至20世纪70年代的西班牙佛朗哥和葡萄牙萨拉查的后法西斯主义政权。意大利和德国更加极端的法西斯主义政权输掉了他们挑起的战争，我们只能猜测，如果他们没有输的话，会如何随着时间的推移而演变。

马克思主义者往往将法西斯主义描述为资产阶级统治的另一种形式。资产阶级害怕工人的崛起，期待有一个非民主政权维持他们的地位。但是，即使你接受政治基本上是阶级斗争的观点，这也不能解释此类运动如何产生，以及如何获得大众的支持。资本家们确实为法西斯领导人提供资金，但这只是在他们地位相对稳固并有望获得权力的时候。

批判理论对文化问题和弗洛伊德理论的开放性，可以说使它比正统马克思主义更好地解释了法西斯主义的吸引力。西奥多·阿多诺参与了美国战后"威权人格"研究项目，该项目遵循了德国战前早期项目的做法，其目的是识别潜在的法西斯态度，衡量指标被相当清楚地命名为F标度。对权威的态度有时候表现为骑自行车人的姿势（向骑自行车的读者道歉），俯从在上者，踢倒在下者，这似乎抓住了法西斯意识形态的重要方面：把领导人物塑造成英雄，并将那些被认定为局外人的人当替罪羊。这些态度可能伴随对富人的激进批评，这是早期法西斯方案的重要特征，有助于吸引早先的社会主义者。[这种做法在当代政治中也能看到，比如极右翼的法国国民阵线（Front National）获得了原来投票赞成共产党的人们的支持。]

正如我们在第五章看到的那样，诺贝特·埃利亚斯曾经和卡尔·曼海姆（Karl Mannheim）在法兰克福共享办公空间，但他与早期的批判理论家几乎没有其他共同之处。他出色地追溯了早期现代欧洲的礼仪与现代国家的兴起之间的对应关系，现代国家在确保领地空间的同时，它的（某些）公民更关注自己和他人的个人空间。这一"文明的进程"也会出现倒退的去文明化过程，埃利亚斯在1990年去世之前出版的《德国人》（*The Germans*）中，分析了德国威权主义传统中的这些过程，他称之为一部国家-社会的"传记"。正如他在导言中说的那样："在背景中半隐半现地站着……一个年近九十的目击者，他经历了相关事件的发展。"埃利亚斯重复了《文明的进程》（*The Civilizing Process*，1978）的路数，在讨论政治结构、民族主义和暴力等问题之前，首先讨论了20世纪早期德意志帝国持续存在的决斗现象。

巧合的是，埃利亚斯著作的初版和齐格蒙特·鲍曼的《现代性与大屠杀》(*Modernity and the Holocaust*)出版于同一年。鲍曼很少谈论大屠杀在德国的特殊起源,而是关注所有现代社会对秩序的寻求,这被他总结为"园艺"意象(跟骑自行车的人一样,向园丁道歉)。正如园丁培育植物并致力于清除杂草一样,纳粹将"雅利安人"培养成英勇的人,并迫害他们的政治对手,以及犹太人、吉普赛人、同性恋者和残疾人。

埃利亚斯用一句话生动而精辟地总结了19世纪末的德国历史,1871年"德国军队对法国的胜利同时也是德国贵族阶级对德国中产阶级的胜利"。自由和民主的观念退居幕后,它们在魏玛共和国的表面胜利是虚幻的。因此,德国是有点特殊,但又不是那么特殊。埃利亚斯利用"白魔法"和"黑魔法"的区别,认为纳粹主义是一次大倒退,是一种"黑色的意识形态,充满了更加适合前工业世界的思想"。不过,他和鲍曼做出了同样的判断:"国家社会主义揭示了……其他地方也能发现的思想和行动的趋向。"

于是,我们在此通过一个极端的例子,看到社会理论可能有助于分析政治和军事的进程。纳粹主义不只是军国主义和极权主义,它也有深刻的历史和社会根源。马丁·肖和迈克尔·曼等社会理论家在种族灭绝研究中声名显赫,这不是偶然的。

社会理论家如何分析国家?我们所说的国家是指什么?它不只是政府、行政官僚机构、军队等,它也是一个法律实体，能够与其他国家签署条约。它也是一种规范性权力，拥有决定公民和居民生死的权利，它既是政治力量，也是经济基础。此外，自从路易十四或更早时期以来，现代国家一直是政治象征的主要焦点和来源。在校儿童有时被教导说，路易只是一个自负之徒。实际上，他是一个既稳健又创新的政治操纵者。

现代的国家（state）概念大约产生于上个千年中期的欧洲，尽管在某些语言中，包括英语和法语，这个词也可以指一种状态，比如"我的办公室处于一种凌乱状态"（My office is in an untidy state.）。早期的现代欧洲基本上是一种混合状态，里面包括像威尼斯或佛罗伦萨那样的城市国家，像奥斯曼帝国或神圣罗马帝国那样的帝国，像英格兰、苏格兰、法兰西或波兰那样的君主国。到了17世纪中期，独立的民族国家在欧洲成为主导模式，这跟1648年的《威斯特伐利亚和约》有很大关系，这一条约结束了中欧的三十年战争。这些国家发展了它们的行政管理体系，并经常从事所谓"内部殖民"，将国家权力扩展至周边地区，使当地语言边缘化，比如威尔士语、盖尔语和布列塔尼语，并在19世纪建立了福利、教育、人口普查等国家体系。

奥斯曼帝国是最后一个部分领土处于欧洲的帝国，在第一次世界大战之后就停止了存在，但很多欧洲国家在接下来的几十年中保留了欧洲以外的殖民帝国，在20世纪后期留下大量新兴民族国家。苏联也保留了俄罗斯帝国的很多特征，特别是从第二次世界大战结束到1989年，它使东欧和中欧的大部分地区处于从属地位。现在的欧盟诞生于20世纪50年代以后，具有帝国的某些特征（多个国家、有多重公民身份、多种语言、权力分散等等）。不过，它是民主的，而帝国则不是。（成员国被要求是民主的，即便欧盟自身的政治安排不是民主的，或不是十分民主的。）

让我们再次从18世纪中叶的孟德斯鸠开始。我们在第一章中看到，他如何将国家以及其他政治与法律形式跟它们在更广阔社会进程中的根源联系起来。他在很大程度上像我们今天一样使用"国家"这一术语，既描述性地指称处于其他国家中的一个国家，也以某种方式区分国家和社会，并在国家内部区分司法和行政之类的权力。近一个世纪之后，托克维尔审慎地使用"民主"这一术语，它既涵盖政治结构，也涵盖更广泛的社会结构，他关于美国的著作[1]本质上是关注两者之间的相互作用。

通过马克思，我们已经熟悉了经济基础和上层建筑之间的区分，不幸的是，他没有活着完成《资本论》原计划撰写的关于国家的卷次。正如我们所见，恩格

---

1 即《论美国的民主》。——编者

斯确实写过关于国家的著作（这里指《家庭、私有制和国家的起源》一书——译者注），但除此之外，他只附带提到，他和马克思为了强调生产形式的压倒的重要性，而低估了政治过程的重要性。韦伯强调阶级、地位和政党作为**权力**分配的形式，这强化了对马克思所谓上层建筑的关注，他的制度性方法（他在成为社会学家之前是律师）强调了国家机构的利益。官僚们当然具有阶级地位和政治偏好，但他们的行为往往更直接地受到内部竞争的影响，这种竞争是为了扩大和控制他们的活动领域。[请回想一下《是，大臣》（Yes，Minister）中那位公务员的辩护，没有病人的医院运转得很顺利……]

列宁对国家进行了有趣的分析，但当他继承并改造了沙皇的国家及其包括秘密警察在内的机构之后又忘了它。正如葛兰西在法西斯监狱中所写的那样："在东方，国家就是一切，公民社会是原始的、黏糊的；而在西方，国家和公民社会之间存在一种适当的关系，当国家摇摇欲坠时，一个强健的公民社会结构立刻显露出来。"在俄国，至关重要的是夺取国家，正如布尔什维克在1917年所做的那样；而在西方，更加重要的是通过公民社会开展工作，实现意识形态上的"霸权"。

20世纪70年代和80年代的马克思主义国家理论大量借鉴了葛兰西，但也倾向于将资产阶级国家化约为资本主义的基本无差别的产物，一些联邦德国理论家明确提出国家"起源"于经济生产关系。找到那个时期讨论国家的书不是难事，但那些书却跟任何现存的国家无关。

伴随西方国家的新社会运动，以及东方国家的持不同政见者在国家机构之外开展的活动，"公民社会"这个词在20世纪80年代也格外突出。非马克思主义的社会学家和马克思主义者一样，往往将社会置于国家之上，但是20世纪80年代的社会学有一股巨大的逆流，1985年西达·斯考切波在美国谈论"找回国家"（bringing the state back in），关注挑战国家的运动以及国家的崩溃，她在一本更早的著作《国家与社会革命》（*States and Social Revolutions*，1979）中讨论了法国、俄国和中国的革命。这跟韦伯对国家机器的重视似乎再次相关。1989年发生的东欧剧变，戏剧性地成了这一方法的例证。那些看似规模巨大、防卫良好的政权，拥有庞大的军队和"安保部门"，面对主要由一小群持不同政见者发起的几次和平示威就土崩瓦解。

社会和政治之间的张力在社会科学中表现为"以国家为中心"的解释和"以社会为中心"的解释之间的对立。再说一遍，社会学家往往将社会置于国家之上，而不足为奇的是，政治科学家往往将国家和政治进程置于优先地位。一个重要的研究领域是福利政策。为什么有些国家拥有比其他国家更好的福利状况？为什么国家资助的医疗服务在美国依然具有争议？这是由于政府的组织方式，还是由于美国的资本主义结构和阶级结构，或者价值观和政治文化的更大差异？

20世纪90年代，当"全球化"这一术语突然出现的时候，那些强调国家的理论受到了挑战。（在那十年之初，我正在编辑一本社会思想词典，并及时意识到我们需要一个条目说明这个新的时髦概念。）全球化理论的一种极端版本认为，国家在现代世界中正在变得或已经变得无关紧要，取而代之的是流动的资本和劳动，以及思想观念和其他文化形式的决定性影响。第二次世界大战结束时，一位美国将军被告知正在比利时上空飞过，他回答说不想被琐碎的细节打扰，与此类似，极端的全球化者极力主张，我们应该在分析中不再提及民族国家。尽管并不是很多全球化理论家都走得这么远，但一个共同的主题是，民族国家被欧盟或世贸组织等跨国实体，或者被国际移民，推到了后台。公民身份曾经是件大事，针对那些由于出生或血统而没有公民身份的居民，大多数国家在他们入籍时仍然有某种仪式。但如果你是巴勒斯坦侨民，你可能有来自约旦、埃及、英国、美国或任何地方的护照，拥有多个护照的人可以随意地选择一张使用，就像选择使用维萨信用卡（Visa）或万事达信用卡（Master Card）一样。

早期的全球化理论往往强调其经济层面,但社会理论家很快指出其更广泛的社会和文化层面。有趣的是,安东尼·吉登斯和马丁·肖这两位英国社会学家,在20世纪80年代关于民族国家及其相互关系的著述中最出名,同时也站在全球化理论的前沿。吉登斯甚至在1999年为BBC关于全球化主题的系列讲座中"表演"了全球化,该系列讲座不仅在演播室举行,而且在伦敦、香港、德里和华盛顿的观众面前举行。[1] 他的第一个讲座从一位朋友访问中非的一个偏远村庄开始,这位朋友发现主人们正在观看和讨论好莱坞电影《本能》(*Basic Instinct*)。肖曾在2000年设想出现一个以欧洲、北美和日本为核心的全球性国家,其运作水平甚至高于最大的民族国家,并且越来越好地协调它们的活动。美国和欧洲之间的《跨大西洋贸易与投资伙伴协议》(*Transatlantic Trade and Investment Partnership*),以及美国(与其他一些美洲国家)和太平洋彼岸之间的《跨太平洋伙伴关系协定》(*Trans-Pacific Partnership Agreement*)是当前的实例,它们在本书出版时可能已经生效。

我们可以再次看到,探讨一个像全球化这样广泛的主题,非常重要的是,建立一个不是孤立为经济、政治和文化等各个方面,而是研究它们相互关系的框

---

[1]　http://www.bbc.co.uk/radio4/reith1999/.

架。麦当劳既是经济现象，也是文化现象，同时还是生物现象，正如最近"西方"快餐对亚洲和非洲人口健康造成的灾难性影响所表明的那样。政治运动也越来越全球化，"圣战 vs. 麦当劳世界"（Jihad vs. McWorld）［这是一本书的书名，《圣战 vs. 麦当劳世界——恐怖主义对民主的挑战》（*Jihad vs. McWorld: Terrorism's Challenge to Democracy*，1996），作者是本杰明·巴伯（Benjamin Barber）。——译者注］可能是一种简化，但它抓住了全球化和侨民政治的一个重要方面。

最后，我们可能会问，西方民主国家的政治是否正在发生变化。政治结构的相对稳定（议会、选举、政党等）和通信手段以及俄罗斯所谓的"政治技术"的惊人进步形成鲜明对比。"后民主"理论认为，民主政治在持续的形式背后，其实质已经被电视和其他媒体控制的大众操纵技术所侵蚀，同时也被民粹主义政党的兴起所侵蚀，比如贝卢斯科尼的意大利力量党，这个政党曾在20世纪90年代中期短期执政，并在2001年到2006年间再次执政。［参看本系列大卫·朗西曼（David Runciman）的《政治学》以获取更全面的分析。］

8. 未竟的事业

这本书的目的是呈现社会理论的丰富性和相关性。不过，有些领域进展缓慢。首先，尽管上一章讨论了跟国际关系和战争状态有关的主要贡献，但在1914年至1945年欧洲第二次"三十年战争"以及紧随其后的冷战期间，社会学对此几乎没有什么研究。如果你看一下20世纪中叶至末期包含"冲突"（conflict）一词的社会学著作和论文的标题，就会发现很多讨论劳资冲突，也有很多讨论阶级冲突（尤其是在20世纪70年代）以及性别冲突（也是从20世纪70年代起），但很少讨论国际冲突和战争状态。

这种情况的部分原因可能是"方法论上的民族主义"，"社会"从民族国家的角度被理解（英国社会、法国社会等）。尽管法国的雷蒙·阿隆确实处理了战争与和平的问题，美国的赖特·米尔斯也在一定程度上处理了这个问题，但直到20世纪80年代，安东尼·吉登斯、马丁·肖和迈克尔·曼才将其置于关注的核心。（阿隆和赖特·米尔斯在法国和美国各自都有点被边缘化了，阿隆是由于他的反马克思主义的自由主义，赖特·米尔斯则是由于他的左派观点。）国际关系这一新兴学术主题的主要背景是外交史，只有少数人将其视为国际社会学。

还有欧洲和北美的殖民主义和种族主义的整个问题。社会学家们迟缓地接受后殖民理论，后殖民理论在文学研究中比在社会科学中更为强劲，在英国、美国和澳大拉西亚（Australasia，一般指大洋洲的一个地区，包括澳大利亚、新西兰和邻近的太平洋岛屿。——译者注）比在欧洲大陆的大部分地区更为突出。种族问题在某种程度上被20世纪60年代美国民权运动提上社会理论议程，而性别问题稍后被女权主义运动提上社会理论议程，但社会理论家主要还是白人和男性。社会科学往往避免使用"种族"（race）这一术语，认为它被欧洲种族主义无可挽回地玷污了，并用"族群"（ethnicity）这个更加无关痛痒的概念来模糊这个问题。

我认为，后殖民理论对社会理论的挑战表现在四个方面。第一，有必要重新思考欧洲哲学史和新兴社会科学的历史。澳大利亚理论家瑞文·康奈尔（Raewyn Connell）指出，早期的社会学确实对非欧洲社会做了大量论述，但通常的方式是强调"大都市文明和其他以原始性为主要特点的文化之间的差异……社会学在帝国主义文化之内形成，体现了对殖民世界的智识上的反应"。第二，现代性理论需要考虑欧洲（在扩展的意义上至少包括北美）和世界其他地区的关系。第三，世界上许多殖民地的过去，无论是殖民者还是被殖民者，都应该得到比以前更多的关注。最后，我们应该注意种族理论之间的交叉点，尤其是非裔美国人的工作，以及北美和欧洲的后殖民理论和种族批判理论。社会理论的最新发展再次唤起了人们对早期工作的兴趣。例如，美国的后殖民理论让人们重新关注非裔美国社会学家和活动家杜·波依斯（W. E. B. Du Bois）的工作。

由于过去的错误开端，社会和生物之间的关系也被忽略了。韦伯被攻击为"动物学的"种族主义，并在纳粹的"种族科学"中达到了荒谬和致命的巅峰。社会学家们拒绝"社会生物学"及其同时适用于其他动物和人类社会的进化竞争的粗俗观念，他们回避社会过程在生物过程中的根源以及社会在其自然环境中的根源这一整个问题。除了乌尔里希·贝克的"风险社会"思想之外，同一时期的"绿色"运动对社会理论没有多大影响，全球环境危机的深度直到现在才被认识到。2013年，贝克开始为欧洲研究委员会做一个有关气候变化的重大项目[1]。

所有这些都仍然是社会理论在本世纪接下来的时期中面临的挑战，其中最大的挑战可能正是社会理论的理念。问题是，我们是否不仅正在走向后民主的世界，而且正在走向日益个人化的"后社会"世界，并且越来越不觉得社会问题可以通过社会的（和政治的）

---

1 http：//erc.europa.eu/methodological-cosmopolitanism-laboratory-climate-change.

方法来解决。在20世纪后期,"后现代"理论作为提出这些问题的一种方式特别突出。正如我们在第五章中看到的那样,后现代性理论跨越了文学、文化和社会理论,甚至在后现代战争和后现代会计的理论中也有分支。然而,无论关乎历史叙事、雇佣关系、审美风格还是家庭结构,其基本思想都是碎片化的。

以工作为例。工业社会通常有一个观念:典型的工作生活是为一个雇主每周工作40个小时,每年工作40多个星期,工作40年,然后退休和死亡。"福特制"生产,无论是否以流水线为基础,都涉及面向大众市场的大型工厂和生产单位。除了这种老套想法之外,还有一夫一妻制的家庭模式,带有两三个孩子,幸运的话,同样持续大约40年左右。无论是自由主义还是马克思主义,都倾向于采取进步的进化论来描述历史。英国所谓的辉格史(这个名字取自早期的自由党)被嘲笑为从大洪水开始,以一种线性的方式一直延续到乔治三世统治时期。恩格斯曾经推测性地写过"劳动在从猿到人转变过程中的作用",在更晚近的1989年,就在东欧剧变之前,美国思想家弗朗西斯·福山(Francis Fukuyama)宣布,自由资本主义民主政治拥有不可挑战的霸权,这标志着"历史的终结"。

这些现代性形象在社会学里伴随着强势的社会概念,这一点我们在涂尔干身上看得最清楚。我们的身份、我们的道德、我们的宗教等等,都是社会赋予我们的。现代政治成了大众选民和大众政党的政治（开始是社会主义者，后来资产阶级政党迎头赶上）。国家行政管理同样是大规模和官僚化的，并将统计数据、人口普查和规章制度方面的监控扩展到全国范围。（据说19世纪末和20世纪初法国第三共和国的教育部长，在一个给定的时间，比如十月份某个星期二的上午10点，可以知道全国所有学生都在上同样的课程。）政治意识形态也往往通过大量的传单和演讲被正式化。20世纪早期的俄罗斯、中期的东欧、中欧、东亚和东南亚把"科学社会主义"作为高等教育必修课程。

后现代理论质疑所有正式体系，无论是有关历史（"宏大叙事"）的还是有关社会的。在一个相关的运动中，被称为"后结构主义"（通常在法国之外如此称呼）的法国思潮质疑了在语言学、社会人类学和人文科学其他领域中对结构主义方法起支配作用的二元对立。一切都比结构主义者或现代主义者所认为的还要破碎和混乱，我们不得不忍受这种不确定性。现代主义建筑的粗朴性被随意取自过去时代的戏谑和装饰元素所取代。

我已经简单地表达了现代性和后现代性之间的这种对立，但对现代主义的描述，即便是最复杂的对比也是简单化的。建筑形象不能轻易地扩展到文学领域，现代主义者在他们所写的文学作品中更具怀疑性和实验性。在社会理论中，虽然涂尔干经常听上去是教条主义的，并且的确是教条主义的，他确实写过《社会学方法的规则》(*The Rule of Sociological Method*)，但是与他同时代的韦伯几乎证实了他所做的每一个断言——常常是用同样的句子。鲍曼一度玩弄后现代性语言，但随后定格在谨慎得多的"流动的"现代性意象及其在工作、爱情、文化等方面的多种表现之上。

正如我在第五章中所指出的那样，后现代性或流动的现代性理论显然捕捉到了我们当前社会状况的某些真实的东西。然而，包括我自己在内的其他人，更喜欢说现代性从早期的自信形式转向了一种更谨慎的形式，吉登斯称之为"自反性"阶段，乌尔里希·贝克称之为第二现代性。现在，谁能够自信地论述"进步"而不担心欧洲中心主义或气候变化呢？反民主挑战已经变得越来越复杂。在社会理论中，已经出现从正式的理论向更加非正式的方法的转变，前者比如塔尔科特·帕森斯的那些理论，马克思主义者在这方面同样被系统理论所吸引，后者比如吉登斯的"结构化理论"，它提供了一组指向社会现实相关方面的概念和指针，而不是旨在形成可验证的命题。

我在本书中一直提议，我们要相当宽泛地理解理论究竟意味着什么。从最基本的意义上说，这个术语表示描述或解释某些事物的任一框架。我可以说，我有一个关于我厨房中的老鼠在哪里筑窝的"理论"。我也许可以用一些关于藏匿地点、食物来源等的概括来支持它，使它不只是一个猜测、预测或假设；一个有正确专业知识的动物学家，或者就这个问题而言，一个灭鼠员将会拥有比我更多的背景知识。

有些理论可以用代数概括，比如物理学中的 E=MC^2，或者经济学等社会科学中比这长得多的其他公式。[我曾经看见，时任经济部长的雅克·德洛尔（Jacques Delors）在接受法国电视台采访时，画了一个配套挂图来说明一个观点——关于将会结束英国或美国财政部长政治生涯的某件事情。]或者，这些符号可能只是用来描述一个过程，正如马克思将以货币为中介的商品交换（C‐M‐C）和以货币收益为目的的商品买卖（M‐C‐M^1）相对照的时候那样，在这里第二个 M 大于第一个。或者，如果我将上层建筑写在经济基础上面，以此总结马克思对两者的区分：

<u>上层建筑</u>
经济基础

多疑的读者在这里可能认为，我只是用这个图表让这个主张看上去更加科学。

这类怀疑可能是社会学家们相比过去较少使用正式图表和模型的原因。正式理论的观念可能正在衰落。换言之，我们变得不像马克思，而更像韦伯，提供描述社会现实的一套范畴，并在明确表达我们的描述时注意一些过程，比如韦伯的"理性化"。这可能是因为，我们大多数时候都在问：我们所知的东西如何以及为何以这种方式存在？记住齐美尔对康德问题的重新表述，康德问自然（纯粹自然科学）何以可能，他问社会何以可能。卢梭对不平等和政治统治问了同样的问题。孟德斯鸠对他在世界各地观察到的多种多样的法律和政治制度，马克思和韦伯对资本主义的兴起，涂尔干对劳动分工、宗教和自杀率的规律性变化，都问了同样的问题。还有一些理论家对理论本身问了类似的问题。例如，阿尔都塞可以被解读为，追问他所理解的马克思主义何以可能：马克思革命性"科学"背后的哲学原理是什么？

玛丽·赫西（Mary Hesse）、罗姆·哈瑞（Rom Harré）和罗伊·巴斯卡（Roy Bhaskar）提出的现实主义科学哲学提供了我认为最有用的思考科学理论的方法。赫西和哈瑞强调理论模型的作用，这些模型始终只是部分拟合，但如果成功，就可以捕捉到现实中因果过程的基本要素，并指出其趋势，这些趋势有可能产生也有可能不产生可以观察到的效应。例如，人为原因造成的气候变化引起了极地冰盖融化的趋势，这可能被其他因果过程暂时抵消。罗伊·巴斯卡提出以下问题：既然我们已经有了科学，那么它得以可能的必要条件是什么？经验主义哲学家（正确地）说，我们必须有关于这个世界的经验。像康德那样的理性主义者（正确地）补充说，我们还需要结构化的范畴和理论。巴斯卡指出，还需要一个独立存在的世界，我们试图用理论去描述和解释这个世界。我们也许不能在开放的系统中进行预测，但我们能够根据现实在不同层次上（物理、化学、生物、社会等）的结构和机制的相互作用进行解释。巴斯卡发展了一种社会行为的转换模型，该模型对个体行为的解释类似于吉登斯的结构理论，比如写支票的物理过程，以及使这些行为成为可能的结构。

很多自然科学也在问，从宇宙自身的存在和大爆炸开始，事物何以可能，以及如何可能。我们对前者有把握，对后者也很有把握。社会科学的实用主义和现实主义哲学正确地强调了科学的这一方面。池塘为什么结冰了？昨晚一定冷。飞机为什么坠毁了？是机器故障，还是被击落的？或许，社会科学的不同之处在于，我们可能追问更多的"为什么"。假设我的奶牛死了。兽医可能告诉我出了什么事以及为什么。但是，假设我想知道，为什么是**我的**而不是你的奶牛死了，或者为什么是**我的**亲人在坠毁的飞机上，我们在此可以求助于命运、宗教等观念。上帝或命运决定了哪一只奶牛或哪一架飞机的厄运。

在社会世界，我们通常不求助于宗教或形而上学，就能够回答此类问题。如果飞机**是**被击落的，我们不仅能问如何被击落，而且能问为何被击落。如果我问为什么有一条大河流经我们现在称为伦敦的地方，地质学家可能从冰川、土壤等运动的角度给我一个回答。但是历史学家可能告诉我,人们常常定居在河口,并展示伦敦的情况是如何发生的,也许还提到那些早期伦敦人的意图和目的,因为他们的记录幸存于世。在此,不同种类的理论和不同层面的解释,根据我们对特定种类解释的偏好或我们兴趣的方向,可以结合起来。随着人类的愚蠢行为导致海平面上升,我们可能会觉得我们的祖先选择了一个不适于居住的坏地方,也不适于在此建立英格兰的首都,以及后来英国的首都。

我们可能还想知道,自然世界和社会世界之间的这种差异有多大。涂尔干又是一个有用的参照点。我们在《自杀论》中可以看到,他不鼓励对动机和意图的关注,尽管他早期对共同意识或集体意识的运用,以及后来关于宗教的著作,都表明他重视所谓的集体观念或集体"表达"(representations)。涂尔干的外甥马塞尔·莫斯在1927年的一篇论文中提出,在社会中基本上只存在两种事物:通常处于特定地域的群体本身,以及"该群体的表达和活动"。这样的提法留下一个悬而未决的问题,我们应该关注那些活动还是那些表达。我认为,莫斯显然感到它们相互牵扯。在像书一样长的经典论文《礼物》(*The Gift*,1925)中,他表明你如何必然同时观察到礼物赠与者的交换行为以及与之相关的责任观念。而在他和涂尔干合写的有关分类系统的研究[1]中,他们表明天堂形象之类的信仰体系如何可能反映为部落定居点的空间布局。

涂尔干和莫斯共享的是一个强势的社会概念。莫斯在1927年的一篇论文中挑衅地写道,没有复数意义上的各门社会科学,只有"关于各种社会的一门科学"。正如我们所见,社会学家们对社会概念的有用性意见不一。涂尔干一直使用这一术语,韦伯在他大部头遗著《经济与社会》中只使用了两次——第一次用了引号,第二次跟地产社会这一概念有关。他曾经写道,他做社会学家是为了终结集体概念(collective concepts)的使用。在他的方法中,一个社会学概念,比如国家,相对于法律概念,必须被理解为人们有可能通过守法、纳税等方式调整他们的行为以符合他们的国家观念。他认为,集体概念在社会学上是错误的,在政治上是危险的。不过,他对社会的焦虑没有延伸到他大量使用的另一个集体概念——文化。

现在很少有人为强势的涂尔干式的社会概念做辩护,但像撒切尔夫人在一次不经意的评论中所做的那样,完全放弃这一概念,将它简化为纯粹的经济或政治过程,甚至将这些过程简化为可以通过"技术手段"加以解决的问题,则是另一回事。我们能够通过转基因食品解决全球饥饿问题吗?能够通过核聚变解决碳

---

1 即《原始分类》一书。——编者

排放引起的气候变化问题吗？能够通过让机器人和无人机代替我们作战解决战争问题吗？社会学家问的是，使用这些手段的社会情境是什么？

当代社会学一个有影响力的流派是通常所谓的"行动者网络理论"，它提出我们应该放弃或至少悬置自然和社会的区分，将自然物和创造物都纳入我们的行动者名单。正如布鲁诺·拉图尔（Bruno Latour）曾经说过的那样，"自然"和"社会"是分析事物之间关系的"廉价"方式，这忽略了它们的独特性。米歇尔·卡隆（Michel Callon）在1986年的一个早期研究中提议，布列塔尼渔港扇贝产业的社会学分析必须考虑到的行动者，不仅包括渔民和向他们提供建议的专家，而且包括扇贝本身。当它们不像预期那样行动时，他把它们形容为"持不同政见者"，研究人员必须与它们进行"最长期最困难的谈判"。在另一个研究中，拉图尔将一个名为阿拉米斯的快速运输系统个性化（并女性化）。

不管你如何看待这种挑衅的语言，行动者网络理论的优势在于，它在两种关于技术的简单化看法之间提供了中间位置：一种看法认为，技术是中性的，只由使用它的人们（可能还有其他某些动物）的目的塑造；另一种看法被称为技术决定论，认为我们受制于我们的技术。这一理论也回应了人工智能的进步所带来的挑战——我们可能常常不确定是在跟另一个人交流,还是在跟一台机器交流。我们越来越多地读到关于"后社会"和"后人类"的文章。

然而,我们甚至不可避免地用社会术语来思考我们与自然(其他部分)的关系,正如我们往往会反对"像机器一样"被对待。为了控制自然,必须服从自然,这一思想至少可以追溯至弗兰西斯·培根(Francis Bacon)和17世纪的"科学革命"。与培根同时代的一些人将动物看作机器,但另一些人转向了更现代的观点。也正是在那个时代,人们开始用抽象的方式思考社会,这似乎是自然而然的(尽管我们像拒绝撒切尔夫人一样拒绝这种方式)。在此之前,社会意味着模糊得多的东西,就像社团或伙伴关系。

正如我在第四章和第五章指出的那样,社会概念依然存在问题。如果我们现在说的"社会"有一个开端,那么它可能也有一个终结。我们似乎在很多方面都已经变得更加个人主义。以阶级这个同样重要的社会学概念为例。在旧模式中,工业生产形式导致人们聚集在生活条件相似、政治偏好相似的大型职业社区。现在,大型工业或者已经衰退,或者已经机械化,或者已经走向全球,以前的采矿城镇或造船城镇的职业结构将和其他任何地方一样多样化。祖父母辈可能一辈子都选同一政党,现在人们可能每次都选不同政党。阶级对生活机会的影响,跟种族、性别、地理环境和家庭规模的影响相互交织。人们创造了新的缩略语来描述这些差异，比如在20世纪80年代出现的DINKY：双收入尚无子女（亦即所谓的"丁克"——译者注）。现在我们也有了更有趣的SITCOM：单收入两子女抵押贷款有压力。自主创业和合同工作已经变得更加普遍。

这并不意味着阶级已经变得无关紧要：阶级因素依然决定着个人生活的机会，但却是以更加多样和复杂的方式起作用的。这也影响了阶级和其他结构性因素对政治的影响。用约翰·肯尼迪（J. F. Kennedy）的话来说，我们在政治选择中不太可能问我们能为美国做些什么，而更可能问美国（或英国、或苏格兰）政府能为我们做些什么。在选举时，新兴政党越来越常见，传统政党往往流连徘徊，但常常看上去有点落伍或脆弱。例如，法国社会党在20世纪90年代早期几乎消失不见，之后又重整旗鼓；到本书出版时为止，英国自由民主党在2010—2015年这届政府的基层成员中可能所剩无几。

我在第五章中提到让·鲍德里亚及其"社会的终结"的宣言。吉勒·利波维茨基（Gilles Lipovetsky）论述了类似的"第二次个人主义革命"：后现代性意味着"个体对普遍、心理影响对意识形态、沟通交流对政治宣传、多样性对同质性、放任对强迫，都取得了支配性地位"。乌尔里希·贝克谈论"第二现代性"而不是后现代性，他也强调阶级地位和社会生活其他方面的个人化主题。贝克明确地区分个人化（individualisation）和个人主义（individualism）：个人化是指现代社会中的一种制度化（或者更准确地说是去制度化）过程，而个人主义是指一种个人态度。个人化可能会使人们**更加**依赖大众传媒之类的机构，并可能鼓励循规蹈矩的行为举止。

涂尔干强调社会事实由个人行为组成，但不能化约为个人行为，这在当时遭到加布里埃尔·塔尔德（Gabriel Tarde）的反对，他强调模仿是同样产生集体效应的关键社会过程。基本上已经被人遗忘的塔尔德，又在后现代思想中被布鲁诺·拉图尔提出来，作为他的"行动者网络理论"的先驱。如果你看到一辆迎面驶来的汽车，它挡风玻璃上的雨刮器开着，你就可能甚至在下雨前就准备打开自己的雨刮器。模仿可以是有意识的，也可以是无意识的，这可能是吸引拉图尔的原因之一。

拉图尔认为，他已经超越了行动与结构、社会与个人之间的对立，但我在此则更加无聊地认为，我们被它们缠住了。我独自坐在家里，准备休息一下去吃午饭。我相信自己在这个选择中是自由的，但它是以各种方式构成的。比如，时间和空间。我觉得正午之前吃午饭不舒服，就像我觉得六点之前喝茶不舒服一样。我不自觉地坐在餐桌前，尽管没有人会知道我是否在办公桌前吃，就像我有时在办公室里那样，也没有人知道我是否在扶手椅中吃。并且，没有人会知道我午餐是吃面包和果酱还是蛋糕，尽管我实际上知道我会从冰箱里拿一些更传统的食物。布尔迪厄及其合作者可以根据我的经济资源和文化资本来解释我所吃的东西，比如选择更健康的苹果或橙子，而不是更能填饱肚子的香蕉。你可能已经对这个琐碎的例子感到无聊，但是营养学家和食品行业基本上都在搜求这类数据。

正如我在这本小书中一直强调的那样，我们希望拥有多样的和互补的描述和解释。比如一场战争的爆发，既可以通过政治和军事决策的详细描述来解释，也可以通过经济或地缘政治竞争之类的更大结构特征来解释。我们无需在两者之间进行选择，尽管我们可能出于现实原因而决定关注某个层面，而让其他人处理其余层面。

如果拉图尔在我身边，他会抓住我对"层面"这个词的用法不放。他批判了简单化的思维方式，这一点已被广为接受，但事实仍然是分层的，即便这些层次像大理石花纹蛋糕一样混乱不堪而不是笔直如线。甚至是马克思和恩格斯，在用简化的术语论述经济基础和上层建筑的时候，也承认它们之间复杂的相互作用，这在马克思分析法国经济和政治矛盾冲突的相互作用时尤为突出。

马克思为新闻报纸撰写与时事主题有关的文章，

也因此为后来卡尔·曼海姆所谓的"时代诊断"做出了贡献。阿克塞尔·霍耐特最近在著作中再次强调了这一术语的重要性,他也复活了社会病理学的观念,这一观念长期以来和涂尔干试图在人类社会中区分正常与病态的颇具争议的尝试有关。这种诊断理念跟社会理论与社会哲学、道德哲学、政治哲学日益亲近有关。

社会理论能够并且应该为时代诊断提供必要的试探性尝试,体现这一看法的关键所在之一是围绕现代性和后现代性的争论。尽管后现代理论有点儿不再时兴,但它依然像马克思主义一样,继续塑造很多新近的思想,比如科林·克劳奇(Colin Crouch)等人提出的"后民主"理论。在这里,跟之前的诸多"后"一样,强调的不是民主被其他事物所取代(祈祷),而是民主受到内部的侵蚀,变得更加门面化和剧场化,而真正的政治发生在其他地方,被那些控制金融和媒体的人所垄断〔比如,意大利西尔维奥·贝卢斯科尼(Silvio Berlusconi)的政治权力在很大程度上依赖于对媒体的控制〕。

西方社会理论中长期存在着一种相当危险的思想,用恩格斯的话来说,就是人类只为自己提出自己能够解决的问题。马克思也指出,"工业较发达的国家向工业较不发达的国家所显示的,只是后者未来的景象"。一个世纪之后的1960年,美国政治经济学家华尔特·

罗斯托（Walt Rostow）写道，一个稳定的工业化和大众消费社会正在"起飞"，社会主义如果没有完成工业化，就依然需要大力发展生产力。（一旦达到巡航高度，或者用罗斯托的话来说，从起飞阶段进入工业化和"高额大众消费"阶段，事情就不太可能出错。）我们现在十分清楚工业化和大众消费的环境后果，意识到我们可能正在走向硬着陆，紧迫的社会和政治问题与以往一样严重，如果不是更严重的话。正如我们离不开政治学一样，我们也离不开社会理论。

我在第三章中提到分化的进化思想。无论你从自然主义的角度，还是作为学习的过程看待进化，它都意味着分化。你在中小学学好几个科目；如果你继续上大学，科目可能少些；如果你继续求学之路直到终点，撰写的博士论文将会更加专业，像本书这样宽泛的题目作为博士论文题目是不会被接受的。

我们可以在科学本身之中，包括在社会科学之中，清楚地看到这一点。人们不再将自己称为"自然哲学家"。在社会科学中也如此，大多数大学有地理系、政治学系（包含或不包含国际关系）、社会学系（包含或不包含人类学、传媒研究或社会政策）等等。有一些系科包含分支学科，另一些系科则拥有"社会研究"的综合功能，或冠以"全球研究"之类的时髦名称。每个人都在谈论跨学科性，但"学科"仍然是一种组织结构，甚至像科学研究、气候研究或性别研究之类的跨学科领域也在发展自己的专业。我们可能没有鲜明的库恩意义上的"范式",那意味着起支配作用的、大体上不容置疑的"学科基质",但我们确实有组织框架或准范式,这既是重要的智识建制,也是重要的社会建制。

学术上的社会理论可以朝两个方向发展。一个方向是将自己确立为区别于哲学、社会学、政治学等主要领域的分支学科。持这种观点的编辑,会乐于接受我在前面章节中讨论卢梭或涂尔干的内容,但会删掉接着讨论当今不平等或自杀研究的段落。我更喜欢另一种更宽泛的方法,跨越各门社会科学以及社会科学和"人文学科"的二元划分,并包容由社会运动和学术界以外的其他人引发的社会思想。

你可能称这一方法为杂交性的,我更喜欢形容为世界性的。世界主义是有风险的:在很多地方或语言中都感觉是在家中,可能会让你在任何地方都感觉不完全是在家中。但更大的危险在于,官僚头脑喜欢身份明确:在理想情况下,人们应该只有一个护照,封面上印有出生国的名称。(你可能希望像美国这样的移民国家成为例外,但即使在那里也必须出生在美国才能成为总统,正如奥巴马当选时可笑的争吵提醒我们的那样。)世界性的参照系还有其他风险,正如我们在不平等问题上所看到的那样。如果我为自己国家的不平等感到忧虑,那么我真的应该更为整个欧洲或世界范围内的不平等感到忧虑吗?

学术上的学科在很多方面与国家相似。它们起起落落,但大多留了下来。然而,举证的责任落在了维护其边界以证明其正当性的人身上。社会理论提供了一个无边界的空间,以及一张可以在更具边界性的各种空间中移动或定居的护照。在我的职业生涯中,社会学一直是主要的专业,具有特殊的地位。它自19世纪末被发明以来,一直向其他稍老的学科开放,并且本身展现出一种软帝国主义。政治科学研究政治,经济学研究经济过程,但社会学和社会人类学的研究对象是什么呢?如果我们说是社会过程,就不得不立刻说政治过程和经济过程也展示社会过程。

在社会学中,"理论"依然是一个核心因素,但它的地位有所下降,至少在英语国家是如此,社会理论课程往往可能被取消。然而,在更广泛的出版领域和公共领域,朱迪斯·巴特勒、尤尔根·哈贝马斯、斯拉沃热·齐泽克之类的理论家享有名人地位。20世纪70年代爆发的社会理论浪潮,在更广泛传播的同时,继续滋养(有时刺激)社会科学和哲学。本书的目的是扩大这种传播。

进一步研究书目

导言

一般的背景知识，可以参考威廉姆·奥斯维特（William Outhwaite）《理论》（Theory），收入马丁·霍尔本（Martin Holborn）编的《当代社会学》（*Contemporary Sociology*）（Cambridge, Polity Press, 2015），或者拉尔夫·费弗尔（Ralph Fevre）和安格斯·班克罗夫特（Angus Bancroft）的《已逝的白人和其他重要的人们：社会学的大观念》（*Dead White Men and Other Important People: Sociology's Big Ideas*）（Basingstoke, Palgrave Macmillan, 2010）[1]。更详细的论述，参考拉里·雷（Larry J. Ray）《创立经典社

---

[1] 中文版译作《米拉的猜想》，2021 年由上海文化出版社出版。——编者

学》(*Theorizing Classical Sociology*) (Buckingham, Open University Press, 1999) 和奥斯汀·哈灵顿 (Austin Harrington) 编的《现代社会理论》(*Modern Social Theory*)(Oxford, Oxford University Press, 2005)。

还有很多编得好的原始文本文集，我强烈推荐这些文集，因为没有什么比阅读经典理论家本身更重要的了。我在下面已经列出一些，但也可以参考，比如克雷格·卡尔霍恩 (Craig Calhoun) 等人编的《经典社会学理论》和《当代社会学理论》(*Classical Sociological Theory* 和 *Contemporary Sociological Theory*)(Oxford, Wiley-Blackwell, 2012)。

1. 起源

参考约翰·海尔布伦 (Johan Heilbron) 的《社会理论的兴起》(*The Rise of Social Theory*)(Cambridge, Polity Press, 1995) 和布莱恩·辛格 (Brian Singer) 的《孟德斯鸠和社会的发现》(*Montesquieu and the Discovery of the Social*)(Basingstoke, Palgrave Macmillan, 2013)。依然值得一读的是涂尔干的《孟德斯鸠与卢梭：社会学先驱》(*Montesquieu and Rousseau: Forerunners of Sociology*)(Ann Arbor, University of Michigan Press, 1960)。

关于不平等，参考理查德·威尔金森 (Richard Wilkinson) 和凯特·皮克特 (Kate Pickett) 的《公平之怒：为什么平等对每个人都更好》(*The Spirit Level：Why Equality is Better for Everyone*)（London, Allen Lane, 2009）、丹尼·多林（Daniel Dorling）的《不正义：为什么社会不平等持续存在》(*Injustice：Why Social Inequality Persists*)（Bristol, Policy Press, 2011），以及托马斯·皮凯蒂（Thomas Piketty）的《21世纪资本论》(*Capital in the Twenty-First Century*)（Cambridge, MA, Belknap Press, 2014）。

2. 资本主义

马克思和马克思主义的著作基本上可以在网上找到，参考 https：//www.marxists.org/archive/marx。

相关的已经出版的英文短篇选集，最早且最好的一本是汤姆·博托莫尔（Tom Bottomore）和马克西米利安·鲁贝尔（Maximilien Rubel）编的《卡尔·马克思：社会学和社会哲学著作》(*Karl Marx：Writings on Sociology and Social Philosophy*)（Harmondsworth, Penguin, 1967）。

资本主义社会理论的批判性讨论，参考汤姆·博托莫尔（Tom Bottomore）的《现代资本主义理论》(*Theories of Modern Capitalism*)（London, George Allen & Unwin, 1985）。

资本主义的当代批判，比如可以参考大卫·哈维（David Harvey）的《17种矛盾和资本主义的终结》[1]（*Seventeen Contradictions and the End of Capitalism*）（London, Profile, 2014）以及科林·克劳奇（Colin Crouch）的《让资本主义适应社会》（*Making Capitalism Fit for Society*）（Cambridge, Polity Press, 2013）。

3. 社会

这里必须主要关注涂尔干。我的著作《社会的未来》（*The Future of Society*）（Oxford, Wiley-Blackwell, 2006）追溯了更早和后来的分析。涂尔干著作的一本优秀的英文选集是肯尼思·汤普森（Kenneth Thompson）编的《爱米尔·涂尔干读本》（*Readings from Emile Durkheim*）（London, Taylor and Francis, 2004）。

关于涂尔干的二手著作包括奇安弗兰科·波齐（Gianfranco Poggi）的《涂尔干》（*Durkheim*）（Oxford, Oxford University Press, 2000），以及史蒂文·卢克斯（Steven Lukes）更加全面的著作《爱米尔·涂尔干：生平与著作》（*Emile Durkheim: His Life and Work*）（Harmondsworth, Penguin, 1973; Stanford, Stanford University Press, 1985），以及更晚近的马塞尔·富尼耶（Marcel Fournier）的《爱米尔·涂尔干传》（*Emile Durkheim: A Biography*）（Cambridge,

---

[1] 中译本名为《资本社会的17个矛盾》，由中信出版社于2016年出版。——编者

Polity Press, 2012)。

4. 资本主义的起源和社会行为理论

马克斯·韦伯论述资本主义起源的时候,也发展了对社会行为的分析,他在遗著《经济与社会》(*Economy and Society*)(Berkeley, University of California Press, 1978)中最系统地表达了这种分析。篇幅更短、可读性更强的是马克斯·韦伯的《新教伦理与资本主义精神》(*The Protestant Ethic and the Spirit of Capitalism*)。这本书有多种版本,斯蒂芬·卡尔伯格(Stephen Kalberg)的译本(New York, Oxford University Press, 2010)是最好的。

翻译得最好的韦伯著作选集是 W. G. 朗西曼(W. G. Runciman)编的《英译马克斯·韦伯文集》[埃里克·马修斯(Eric Matthews)译](Cambridge, Cambridge University Press, 1978)。大量二手文献,特别是其著作的系统概述,包含在马丁·阿尔布劳(Martin Albrow)的《马克斯·韦伯的社会理论建构》(*Max Weber's Construction of Social Theory*)(Basingstoke, Macmillan Education, 1990)一书中。

马克斯·韦伯的第一部传记是他的妻子女权主义理论家玛丽安妮·韦伯(Marianne Weber)撰写的,最新的综合性传记是约阿希姆·拉德卡(Joachim Radkau)撰写、帕屈克·卡米勒(Patrick Camiller)翻译的《马克斯·韦伯传》(*Max Weber: A Biography*)(Cambridge, Polity Press, 2009)。

一个早期的关于韦伯和马克思的经典比较是卡尔·洛维特（Karl Löwith）1932年的论文《马克斯·韦伯和卡尔·马克思》[1]（*Max Weber and Karl Marx*），有汤姆·博托莫尔（Tom Bottomore）和威廉姆·奥斯维特（William Outhwaite）编辑、布莱恩·特纳（Bryan S. Turner）撰写前言的新版（London, Routledge, 1993）。

也参考马丁·霍利斯（Martin Hollis）和史蒂夫·史密斯（Steve Smith）的《理解和解释国际关系》(*Understanding and Explaining International Relations*)(Oxford, Oxford University Press, 1991)。虽然这本书的关注点在国际关系，但是它简洁明了地介绍了社会理论的个人主义方法和更为整体性、结构性的方法之间的区别，以及重在因果性解释和重在解释性理解之间的区别。

5. 社会何以可能

齐美尔本人的著作和论述齐美尔的著作可以在网上找到，参考 http://www.socio.ch/sim/index_sim.htm。

大卫·弗里斯比（David Frisby）的《社会学的印

---

[1] 中译本名为《韦伯与马克思——以及黑格尔与哲学的扬弃》。——编者

象主义：格奥尔格·齐美尔社会理论的重新评介》(*Sociological Impressionism: A Reassessment of Georg Simmel's Social Theory*)（London，Routledge，1992）可能依然是齐美尔著作的最佳导读。关于"现象学"社会学，参考史蒂文·维迪古斯（Steven Vaitkus）的《现象学和社会学》(*Phenomenology and Sociology*)，收入于布莱恩·特纳（Bryan S. Turner）编的《布莱克维尔社会理论指南》(*The Blackwell Companion to Social Theory*)（Oxford，Blackwell，2nd edn，2000）。

彼得·伯格（Peter Berger）和托马斯·卢克曼（Thomas Luckmann）的《现实的社会建构》(*The Social Construction of Reality*)（1966；Harmondsworth，Penguin，1967）给出了一个开始被称为社会建构主义的明确理论。

也可以参考哈罗德·加芬克尔（Harold Garfinkel）的《民俗学方法论研究》(*Studies in Ethnomethodology*)（1967；New York，Wiley，1991）。

6. 潜意识的发现

弗洛伊德的著述基本上可以在网上找到，参考 http：//wikilivres.ca/wiki/Sigmund_Freud。

关于现代性的精神分析和社会理论之间关系的一个出色的讨论，参考哈维·弗格森（Harvey Ferguson）的《梦的诱惑：西格蒙德·弗洛伊德和现代性建构0》

(*The Lure of Dreams: Sigmund Freud and the Construction of Modernity*)（London, Routledge, 1996）。也可以参考劳拉·马库斯（Laura Marcus）的《现代性之梦：精神分析、文学、电影》(*Dreams of Modernity: Psychoanalysis, Literature, Cinema*)（New York, Cambridge University Press, 2014）。

弗洛伊德的更短的介绍，参考理查德·沃尔海姆的（Richard Wollheim）的《弗洛伊德》(*Freud*)（London, Fontana, 2nd edn, 1991）。或者，一个更基础的介绍是帕梅拉·瑟齐韦尔（Pamela Thurschwell）的《西格蒙德·弗洛伊德》[1](*Sigmund Freud*)（London, Routledge, 2000）。彼得·盖伊（Peter Gay）的《历史学家的弗洛伊德》(*Freud for Historians*)（New York, Oxford University Press, 1985）也更广泛地涉及人文学科和社会科学。

7. 社会理论和政治学

两个经典贡献是维尔纳·桑巴特（Werner Sombart）的《美国为什么没有社会主义？》(*Why is There No Socialism in the United States?*)（London, Macmillan, 1976）和罗伯特·米歇尔斯（Robert Michels）的《政党》(*Political Parties*)（New York, Free Press, 1962）

---

[1] 中译本名为《导读弗洛伊德》，由重庆大学出版社于2015年出版。——编者

（中译本名为《寡头统治铁律》——译者注）。

大卫·比瑟姆（David Beetham）的《自由民主主义和民主化的局限》（*Liberal Democracy and the Limits of Democratization*），收入大卫·赫尔德（David Held）编的《民主的前景》（*Prospects for Democracy*）（Cambridge，Polity Press，1993），关注米歇尔斯以及相关问题。

鲍勃·杰索普（Bob Jessop）的《国家权力》（*State Power*）（Cambridge，Polity Press，2008）介绍了他对国家的发展了的分析，是最好的指南。

8. 未竟的事业

关于"欧洲的"现代性和世界其他地区之间的关系，参考彼得·瓦格纳（Peter Wagner）的《现代性：理解当前状况》（*Modernity：Understanding the Present*）（Cambridge，Polity Press，2012）。关于后殖民理论对社会理论的运用，参考古明德·邦布拉（Gurminder K. Bhambra）的《重新思考现代性：后殖民主义和社会学想象》（*Rethinking Modernity：Postcolonialism and the Sociological Imagination*）（Basingstoke，Palgrave Macmillan，2007）和《关联社会学》（*Connected Sociologies*）（London，Bloomsbury，2014）。也可以参考瑞文·康奈尔（Raewyn Connell）的《南方的理论：社会科学知识的全球动态》（*Southern Theory：The*

Global Dynamics of Knowledge in Social Science）(Sydney, Allen and Unwin, 2007)。一个特别有洞察力和可读性的社会学批判，参考查尔斯·特纳（Charles Turner）的《社会学理论研究》(*Investigating Sociological Theory*)(London, Sage, 2010)。

除了之前提到过的网站，还有关于最近理论家工作的网站，尤其是

布尔迪厄（Bourdieu）

Hyperbourdieu. jku. at/hyperbourdieustart. html

埃利亚斯（Elias）

www. norberteliasfoundation. nl

福柯（Foucault）

michel-foucault-archives. org/? -Online-Archives-&lang=en

以及哈贝马斯（Habermas）。

www. habermasforum. dk

索引

（本索引页码均为原书页码，即中译本页边码）

A

action（行为）6, 27, 30, 45–51, 54–57, 63, 79, 98, 111, 125

Adorno, Theodor（阿多诺，西奥多）53, 69, 80, 85, 93

Albrow, Martin（阿尔布劳，马丁）126

Althusser, Louis（阿尔都塞，路易）81–82, 110

Anderson, Benedict（安德森本，尼迪克特）61

Aron, Raymond（阿隆，雷蒙）31, 103

B

Babiak, Paul（巴比亚克，保罗）77

base/superstructure（经济基础/上层建筑）25, 81, 97–98, 109, 118

Bacon, Francis（培根，弗兰西斯）115

Baudelot, Christian（鲍德洛，克里斯蒂安）43

Baudrillard, Jean（鲍德里亚，让）72, 116

Bauman, Zygmunt（鲍曼，齐格蒙特）72, 94–95, 108

Bebel, August（倍倍尔，奥古斯特）34

Beck, Ulrich（贝克，乌尔里希）35, 105, 108, 116 - 117

Becker, Howard（贝克尔，霍华德）64

Bentham, Jeremy（边沁，杰里米）68

Berger, Peter（伯格，彼得）54, 71, 74, 127

Berlusconi, Silvio（贝卢斯科尼，西尔维奥）102, 119

Bhambra, Gurminder K.（邦布拉，古明德）128

Bhaskar, Roy（巴斯卡，罗伊）110 - 111

Blair, Tony（布莱尔，托尼）23

Boltanski, Luc（波尔坦斯基，鲁克）72

Bourdieu, Pierre（布尔迪厄，皮埃尔）66, 70 - 72, 118, 129

Breuer, Joseph（布洛伊尔，约瑟夫）75 - 76

bureaucracy（官僚制）2, 6, 32, 51, 67, 95, 98, 107, 121

Butler, Judith（巴特勒，朱迪斯）64, 122

C

Callon, Michel（卡隆，米歇尔）114

Cameron, David（卡梅伦，大卫）24

capitalism（资本主义）2, 5, 11, 13, 16, 21 - 25, 28 - 31, 33, 48, 79 - 81, 83 - 85, 98 - 99, 106, 110, 125

Collier, Andrew（科里尔，安德鲁）26

colonialism（殖民主义）7, 17, 56, 96, 104（也可以参见后殖民理论 post-colonial theory）

共产主义 9, 21, 25 - 26, 33 - 34, 37 - 38, 42, 54, 81, 94

Comte, Auguste（孔德，奥古斯特）3, 37 - 38

Connell, Raewyn（康奈尔，瑞文）104, 128

Connery, Sean（康纳利，肖恩）80

Crouch, Colin（克劳奇，科林）119

cultural capital（文化资本）66, 118

cultural studies（文化研究）6, 29, 61, 63

culture（文化）1, 5, 39, 44, 53, 59, 63 - 64, 75, 78, 80, 83, 85 - 86, 88, 93, 99 - 101, 104, 106, 108, 113

D

Dahrendorf, Ralf（达伦多夫，拉尔夫）10

Deleuze, Gilles（德勒兹，吉尔）85-86

Delors, Jacques（德洛尔，雅克）109

democracy（民主）17, 19-20, 25, 34, 51, 54, 93, 97, 101, 105, 108, 116, 119

 liberal（自由民主）17, 87, 106

 social（社会民主）15, 31, 87

Diamond, Jared（戴蒙德，贾雷德）38

domination（统治）53, 69-70, 110（也可以参见权力 power）

Dore, Ron（多尔，罗恩）32

Dorling, Daniel（多林，丹尼）10, 124

Du Bois, W. E. B.（杜·波依斯）105

Durkheim, Emile（涂尔干，爱米尔）5-6, 10, 20, 38-46, 49-52, 59, 65, 73, 77, 79, 82, 87, 90, 106, 108, 110, 112-113, 119, 121, 123, 125

E

Eagleton, Terry（伊格尔顿，特里）26

Einstein, Albert（爱因斯坦，阿尔伯特）77

Eisenhower, Dwight D.（艾森豪威尔）90

Elias, Norbert（埃利亚斯，诺贝特）67, 69, 87, 94-95, 129

Engels, Friedrich（恩格斯，弗里德里希）21, 24-25, 27, 34-35, 97, 106, 118-119

environment（环境）7, 34-35, 105, 120

Establet, Roger（埃斯塔布莱，罗杰）43

ethnomethodology（民族学方法论）62, 65, 73, 127

evolution（进化）5, 21, 37-39, 41, 57, 120

explanation（解释）1-3, 6, 10, 32, 38, 41-43, 45, 48-50, 52, 61, 81-82, 92-93, 99, 103, 109-112, 118, 126

F

family（家庭）15, 29, 32-34, 41, 49, 62, 70, 89, 106

Fanon, Frantz（法农，弗朗茨）3

fascism（法西斯主义）6, 16, 54, 91–94, 98（也可以参见纳粹主义Nazism）

feminism（女权主义）10, 25, 34–35, 69, 76, 84–85, 87, 104, 126（也可以参见性别gender）

First World War（第一次世界大战）96

Fliess, Wilhelm（弗利斯，威尔海姆）76

Foucault, Michel（福柯，米歇尔）3, 67–71, 83–84, 129

Frankfurt School（法兰克福学派）53–54, 80, 92

Anna, Freud（弗洛伊德，安娜）79, 84

Freud, Sigmund（弗洛伊德，西格蒙德）3, 6, 60, 75–80, 82–86, 93, 127

Friedan, Betty（弗里丹，贝蒂）34

Frisby, David（弗里斯比，大卫）126–127

Fromm, Erich（弗洛姆，埃里希）80

Fukuyama, Francis（福山，弗朗西斯）106

functionalism（功能主义）32, 41–42, 44–45, 55, 64–65

G

Garfinkel, Harold（加芬克尔，哈罗德）62, 65–66, 127

Gellner, Ernest（盖尔纳，欧内斯特）83

gender（性别）1, 3, 7, 13, 28, 34, 54, 64, 70, 84, 103–104, 120（也可以参见女权主义feminism）

Giddens, Anthony（吉登斯，安东尼）3, 53, 66, 69, 100, 103, 108, 111

globalisation（全球化）1, 46, 99–101

Goffman, Erving（戈夫曼，欧文）62–64, 66

Gramsci, Antonio（葛兰西，安东尼奥）26, 29, 98

Guattari, Félix（加塔利，菲利克斯）85

H

Habermas, Jürgen（哈贝马斯，尤尔根）38, 54–56, 80, 85, 122, 129

Hall, Stuart（霍尔，斯图尔特）29

Hare, Robert（黑尔，罗伯特）77

Harré, Rom(哈瑞,罗姆)110

Hegel, G. W. F. (黑格尔)3, 28, 40, 64

hegemony(霸权)26, 29, 98, 106, 121(也可以参见意识形态 ideology)

Heidegger, Martin(海德格尔,马丁)91

Hesse, Mary(赫西,玛丽)110

Hollis, Martin(霍利斯,马丁)126

Honneth, Axel(霍耐特,阿克塞尔)54, 118-119

Horkheimer, Max(霍克海默,马克斯)53

I

ideology(意识形态)24, 27-29, 33-34, 37, 39, 44, 48, 61, 81, 85, 92-93, 95, 98, 107, 116

inequality(不平等)3-4, 9-16, 20, 28, 34, 42, 66, 90, 110, 121, 124

integration(整合)42-43, 45

interactionism(互动论)64, 73

J

Jessop, Bob(杰索普,鲍勃)128

Jones, Eric(琼斯,埃里克)47

K

Kant, Immanuel(康德,伊曼纽尔)59, 110-111

Kennedy, John F. (肯尼迪,约翰)116

Kollontai, Alexandra(柯伦泰,亚历山德拉)34

Kristeva, Julia(克里斯蒂娃,朱丽娅)84

Kuhn, Thomas(库恩,托马斯)2, 20, 26, 70, 121

L

Lacan, Jacques(拉康,雅克)81-82, 84

Latour, Bruno(拉图尔,布鲁诺)114, 117-118

law(法律)5, 16-18, 21, 56, 113

of nature(自然法)9

Lenin, V. I. (列宁)81, 98

Lepenies, Wolf(勒佩尼斯,沃尔夫)73

Lipovetsky, Gilles(利波维茨基,吉勒)116

Lockwood, David(洛克伍德,大卫)45

Louis XIV(路易十四)92

Louis XV(路易十五)68

Luckmann, Thomas(卢克

曼，托马斯）54, 71, 74, 127

Lukács, Georg（卢卡奇，乔治）52 – 53

Lukes, Steven（卢克斯，史蒂文）125

M

Mailer, Norman（梅勒，诺曼）80

Makavejev, Dušan（马卡维耶夫，杜尚）80

Mann, Michael（曼，迈克尔）53, 95, 103

Mannheim, Karl（曼海姆，卡尔）94, 118

Marcuse, Herbert（马尔库塞，赫伯特）6, 53 – 54, 80, 85

market（市场）1 – 2, 19, 22, 28 – 30, 56, 106

Marx, Eleanor（马克思，埃莉诺）35

Marx, Karl（马克思，卡尔）3, 5, 9, 11, 13, 21, 23 – 30, 31 – 35, 37 – 38, 40, 47 – 48, 52 – 56, 60, 77, 79, 81 – 84, 86, 92, 97 – 98, 109 – 110, 118 – 119, 124

Marxism（马克思主义）2, 10 – 11, 24, 26 – 27, 32, 35, 42, 44, 47, 52 – 53, 55 – 56, 70, 80 – 81, 84 – 87, 89 – 90, 92 – 93, 98 – 99, 106, 108, 119

Mauss, Marcel（莫斯，马塞尔）112 – 113

media（媒体）17, 63, 102, 117, 119 – 120

Michels, Robert（米歇尔斯，罗伯特）87 – 89, 91 – 92, 128

Miliband, Ralph（密里本德，拉尔夫）90

Mills, C. Wright（米尔斯，赖特）89, 103

Mitchell, Juliet（米契尔，朱丽叶）84 – 85

modernity（现代性）2, 48, 51, 56, 69 – 70, 73, 78, 104, 106 – 108, 116, 119, 127 – 128

Montesquieu, Baron de（孟德斯鸠，男爵）9, 17 – 20, 26, 39, 88, 97, 110, 123

morality（道德）5, 10, 12, 15 – 16, 43, 48, 55, 69, 77, 107, 119

Mosca, Gaetano（莫斯卡，加塔诺）89

Mussolini, Benito（墨索里尼，贝尼托）92

N

Napoleon I(拿破仑一世)92

Napoleon III(拿破仑三世)92

nation-state(民族-国家)1, 103

nationalism(民族主义)16, 29, 52, 54, 61, 91, 94,
methodological(方法论上的民族主义)103

Nazism(纳粹主义)54, 80-81, 91-92, 95, 105

Nietzsche, Friedrich(尼采, 弗里德里希)3, 53, 91

O

Obama, Barack(奥巴马, 巴拉克)121

P

Pappenheim, Bertha(帕朋罕, 贝莎)75-76

paradigm(范式)3, 20, 26, 44, 52, 70, 73-74, 121

Pareto, Vilfredo(帕累托, 维尔弗雷多)89

Parsons, Talcott(帕森斯, 塔尔科特)65, 108

Pickett, Kate(皮克特, 凯特)10, 124

Piketty, Thomas(皮凯蒂, 托马斯)10, 124

post-colonial theory(后殖民理论)3, 47, 87, 104-105, 128(也可以参见殖民主义 colonialism)

post-democracy(后民主)101, 105, 119

postmodernism, postmodernity(后现代主义、后现代性)6, 72-73, 106-108, 116-117, 119

Poulantzas, Nicos(普兰查斯, 尼科斯)90

positivism(实证主义)3, 38

power(权力)1, 13, 33, 53-54, 59-60, 66, 69, 71-72, 84, 89, 92-93, 96, 119(也可以参见统治 domination)

R

Reich, Wilhelm(赖希, 威尔海姆)79-80

reification(物化)22, 52-54

religion(宗教)6, 24, 26-28, 38, 40, 42-43, 48, 51, 69, 78, 107, 110, 112

revolution(革命)4, 17, 25, 27-29, 34, 54, 56, 63, 81, 92, 99, 106, 115-116
French(法国革命)4,

56

Russian（俄国革命）29, 34, 54, 81

role（角色）55, 63-65

Rosanvallon, Pierre（罗桑瓦隆，皮埃尔）10

Rose, Jacqueline（罗丝，杰奎琳）84

Rostow, Walt（罗斯托，华尔特）119-120

Rousseau, Jean-Jacques（卢梭，让-雅克）4, 9-11, 15-17, 20, 26, 110, 121, 124

Runciman, David（朗西曼，大卫）102

Runciman, W. G.（朗西曼）12, 125

S

Sachs, Hanns（萨克斯，汉斯）85

Said, Edward（萨义德，爱德华）3

Sartre, Jean-Paul（萨特，让-保尔）64

Sayer, Andrew（塞耶，安德鲁）11

Schmitt, Carl（施米特，卡尔）91

Schütz, Alfred（舒茨，阿尔弗雷德）62-63, 66

Second World War（第二次世界大战）19, 97, 100

Searle, John（塞尔，约翰）72

Sen, Amartya（森，阿马蒂亚）5

Shaw, Martin（肖，马丁）54, 95, 100-101, 103

Sieyès, Emmanuel Joseph（西哀士，艾曼纽尔·约瑟夫）4, 11

Simmel, Georg（齐美尔，格奥尔格）6, 10, 49, 52-53, 59-64, 66-67, 71, 73-74, 78, 82, 87, 110, 127

Skocpol, Theda（斯考切波，西达）53, 99

Smith, Adam（斯密，亚当）5, 30, 39

Smith, Steve（史密斯，史蒂夫）126

social structure（社会结构）11, 18-20, 24-25, 31, 33, 43-44, 66-67, 70, 72, 78-79, 84, 88-89, 91-92, 94, 97-99, 101, 106, 108, 111, 115-118, 120, 126（也可以参见经济基础/上层建筑 base/superstructure、结构主义 structuralism、结构化理论 structuration theory）

society（社会）3, 5-6, 11, 17, 20, 24-25,

28, 31-33, 38, 40, 42-46, 54, 94, 97, 113
- civil（公民社会）26-27, 98
- industrial（工业社会）2, 4, 31, 33, 37

sociology（社会学）2-3, 5-6, 10-12, 20, 29, 31-32, 37-38, 42-46, 49-51, 53-54, 61-66, 69-73, 89-90, 99-100, 103-108, 113-115, 120-121
- of knowledge（知识社会学）43, 59, 71（也可以参见意识形态 ideology）

Sombart, Werner（桑巴特，维尔纳）87-88, 91-92, 128

Spencer, Herbert（斯宾塞，赫伯特）5, 37, 39

structuralism（结构主义）107

structuration theory（结构化理论）108, 111

suicide（自杀）42-43, 50, 110, 112, 120

T

Tarde, Gabriel（塔尔德，加布里埃尔）117

Thatcher, Margaret（撒切尔，玛格丽特）; Thatcherism（撒切尔主义）29, 50, 77, 113, 115

Theweleit, Klaus（特韦莱特，克洛斯）79

Timpanaro, Sebastiano（廷帕纳罗，塞巴斯蒂亚诺）82

Tocqueville, Alexis de（托克维尔，阿历克西·德）20, 23, 87, 90, 97

Turner, Frederick Jackson（特纳，弗雷德里克·杰克逊）88

Turner, Charles（特纳，查尔斯）128

U

unconscious（潜意识）75-79, 81-82, 85

understanding（理解）10, 48-50, 61, 81-83

V

Voltaire（伏尔泰）27

W

Wagner, Peter（瓦格纳，彼得）128

war（战争）7, 34, 54, 78, 91, 93, 101, 106, 114, 118

Weber, Max（韦伯，马克斯）5-6, 10, 46-53, 55, 59-62, 67-69,

73, 77, 79, 82, 87 - 89, 91 - 92, 97 - 99, 105, 108, 110, 113, 125 - 126

Wilkinson, Richard（威尔金森，理查德）10, 124

World War, First（世界大战，第一次）96

World War, Second（世界大战，第二次）19, 97, 100

Z

Žižek, Slavoj（齐泽克，斯拉沃热）84 - 85, 122